SHUKUTOKU

淑煌祭（文化祭）

6/22（土）
[時間] 12:00～15:30

6/23（日）
[時間] 10:00～15:00

学校説明会（要予約※）

○各回とも内容は同じです。

6/29（土） [時間] 10:00～12:00

7/21（日） [時間] 10:00～15:00（時間内に随時開催）

入試説明会（要予約※）

○各回とも内容は同じです。

9/16（月・祝） [時間] 10:00～12:00

9/21（土） [時間] 13:00～15:00

個別説明会（要予約※）

○ご都合の良い日に予約してお越しください。

10/19（土） [時間] 10:00～12:00

11/23（土・祝） [時間] 10:00～12:00

12/ 7（土） [時間] 10:00～12:00

2020年度 入学試験

第１回	第２回
1/23（木）	2/4（火）
募集人数：210 名	募集人数：若干名

※説明会の予約は、開催１カ月前からインターネットで受け付けます。

www.shukutoku.yono.saitama.jp/

さいたま新都心駅・北与野駅から徒歩 7 分
大宮駅から徒歩 15 分

淑徳与野高等学校

〒338-0001 埼玉県さいたま市中央区上落合 5-19-18 TEL.048-840-1035 FAX.048-853-6008

早稲田アカデミー

2019 高校入試実績

19年連続全国No.1

早慶高 1353名合格

定員計 約1610名

17年連続全国No.1	早大学院高	259名合格	定員 約360名
22年連続全国No.1	早稲田実業高	113名合格	定員 180名
18年連続全国No.1	早大本庄高	363名合格	定員 約320名
15年連続全国No.1	慶應志木高	275名合格	定員 約230名
19年連続全国No.1	慶應義塾高	227名合格	定員 約370名
8年連続全国No.1	慶應湘南藤沢高	40名合格	定員 約50名

男子私立最難関 12年連続 全国No.1 **開成高 87名合格** 定員 100名

11年連続 全国No.1 **慶應女子高 76名合格** 定員 約100名

2/12 開成

首都圏最難関 3年連続 全国No.1 **筑駒高 26名合格** 定員 約40名

6年連続 全国No.1 **お茶附高 41名合格** 定員 約60名

2/12 慶應女子

6年連続 全国No.1 **筑附高 71名合格** 定員 80名

学大附高 108名合格 定員 約335名 (内部進学含む)

2/14 慶應義塾

全国No.1 立教新座高	全国No.1 青山学院高	全国No.1 中大杉並高	全国No.1 中大附属高	全国No.1 中央大学高	全国No.1 明大明治高	全国No.1 明大中野高	全国No.1 法政大学高
定員 約80名	定員 約180名	定員 300名	定員 約200名	定員 120名	定員 約100名	定員 約165名	定員 92名
314名	140名	153名	79名	78名	126名	152名	45名

全国No.1 豊島岡女子高	全国No.1 ICU高	全国No.1 明治学院高	全国No.1 國學院高	全国No.1 渋谷幕張高	全国No.1 市川高	全国No.1 昭和秀英高	全国No.1 栄東高
定員 約90名	定員 240名	定員 330名	定員 550名	定員 約55名	定員 120名	定員 240名	定員 400名
88名	96名	75名	214名	88名	171名	157名	466名

東京都立難関高校

2年連続 No.1 **日比谷・西・国立高 200名合格**

埼玉県立難関高校

浦和・浦和一女・大宮・川越・川越女子高 116名合格

神奈川県立難関高校

横浜翠嵐・湘南高 34名合格

千葉県立難関高校

千葉・船橋・東葛飾高 78名合格

早稲田アカデミー

現役合格実績
62
63
72
75
東大
2016
2017
2018
2019
50
71
92
106
国立・私立
医学部
2016
2017
2018
2019
3/10 東京大学
3/10 東京大学
中央
92合格
法政
94合格
東京理科
93合格

塾の先生には「中学２年生の終わりには志望校を決めておいてほしい」と言われているのではないでしょうか。しかし、いよいよ受験学年がめぐってきた中３生のみなさんでも「まだ決まっていない」「絞り込めていない」という人が、じつはほとんどでしょう。実際に卒業生の話を聞いても、「夏休み後半の学校説明会で学校を見てから志望が固まった」という人も多いのです。とはいうものの、志望校は早く決まっていた方が目標も立てやすく、モチベーションも高まります。ここでは、これから本格的に学校選択を始めようとするときに、まず知っておいてほしい基礎知識として、「国立、公立、私立の高校」と「男子校、女子校、共学校」の違いをまとめました。

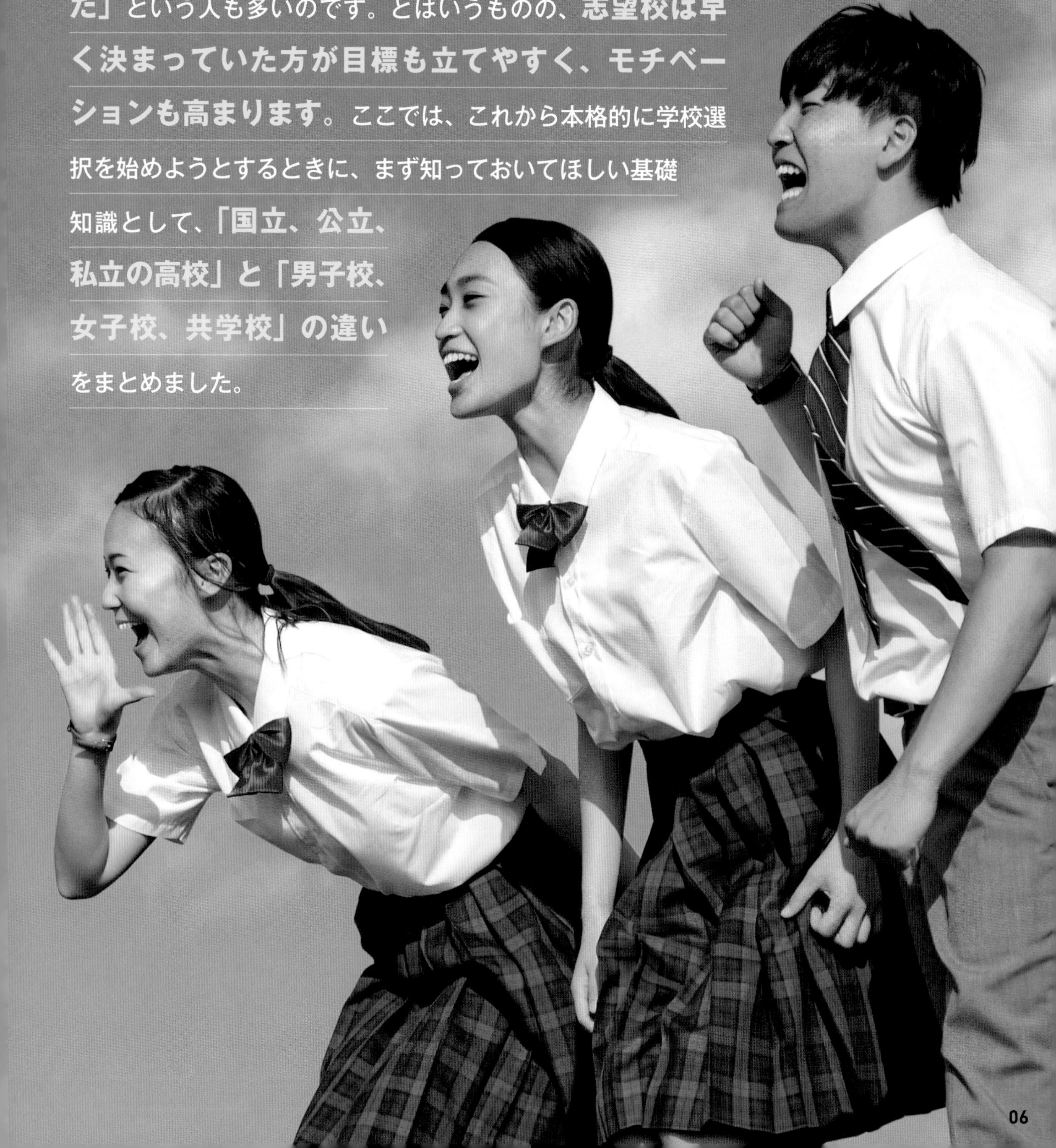

Tips for choosing a school

どう選ぶ？君に合った学校！

自分に合った学校を選ぶにはこんなことに注目しよう

国立、公立、私立高校の違いを知っておこう

高校には設立母体によって3つのタイプがある

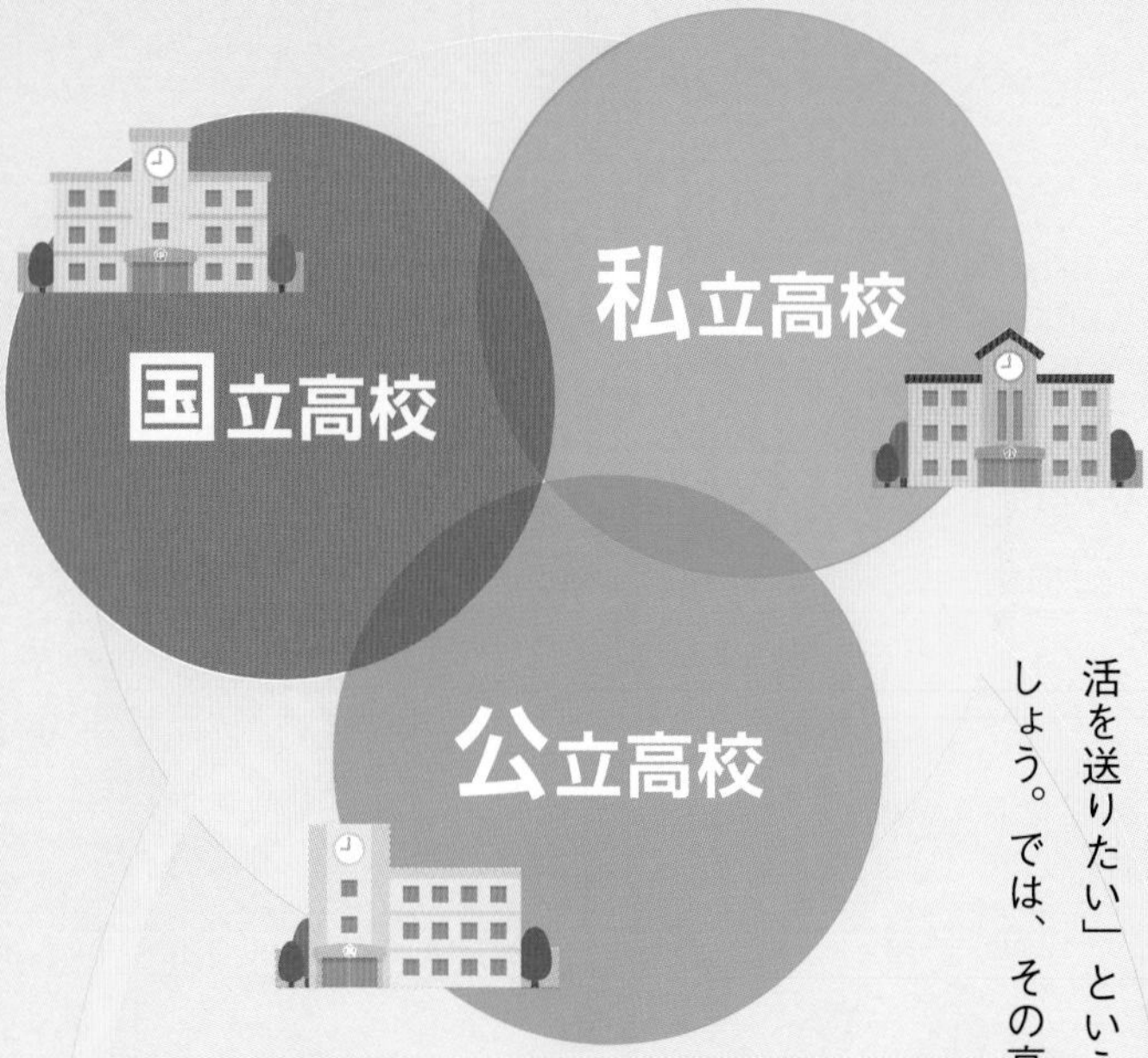

中学生のみなさんはいま、どんな高校に進み、どんな生活を送りたいのかが頭のなかにありますか。もちろん、「楽しい高校生活を送りたい」ということが一番にあるでしょう。では、その高校生活はどこで送るのでしょうか。高校では、行事や部活動で、学校にいる時間は中学校時代よりも長くなりますし、友だちとの交流も、もっともっと深いものになります。

夏休み、冬休みも家庭にいるのではなく、学校に出かけていくのが高校生です。勉強や部活動で求められる技量が難しくなったりする分、担任の先生や部活動の顧問の先生との心のやりとりも中学校とは違った「大人のつきあい」に近いものになっていきます。

そのような一連のことが、「青春」を彩るものであり、自らを成長させ、大人への一歩を踏み出していく…。それが高校生です。そして、その舞台が「高校」です。

つまり、高校生活をエンジョイするために、そのステージである学校を、いかに自分に合ったところを選び取っていくかが、大切なポイントなのです。

高校受験の第一歩が「学校選び」であることがおわかりでしょう。

では、そのために、まず、高等学校にはどのような学校があるのかを知るところから始めましょう。

高等学校は、その設立母体によって「私立」「公立」「国立」と大きく3つに分けることができます。今回はその違いを見ていくことにします。

それぞれに個性と魅力 理解したい「教育理念」

私立高校

首都圏の4都県（東京・神奈川・千葉・埼玉）には約350校もの私立高校が存在します。

私立高校は各種団体や個人が設立し、学校法人が運営にあたっている学校です。

私立高校は、学校それぞれの裁量で教育に独自性が認められているため、建学の精神によって、なにを重視してどんな教育をするのかという、いわゆる教育方針が各校によって異なります。校風も様々で、個性豊かな学校が多いのが特徴です。受験生の

自分に合った
高校を
見つけよう

どう選ぶ？
君に合った学校！

学校教育の今日と明日

イマドキ学校選択事情

側にとっては選択肢が多いということになります。また、その教育理念によって男子校、女子校、共学校に分かれますが、近年、男子校、女子校から共学校へと衣替えした学校が多くあります。

私立高校にもいくつかタイプがあり、「進学校」として大学受験を意識したカリキュラムを優先的に組む高校、系列の大学や短大に優先的に進学できる大学附属校、就職に有利な専門課程を持つ高校などがあります。また大学附属校でありながら系列の大学には進まず、他の難関大学受験をめざしていく学校もあります。このタイプの大学附属校は「進学校」と同様の授業内容であることもあって「半進学校」などと呼ばれます。

このほか、部活動で秀でた実績を持つ高校、心の教育に力を入れている高校など、進学実績だけでなく様々な角度から学校選びができるのも私立高校の魅力です。

私立高校では公立高校と比べると普通科の割合が多くなります。最近は普通科のなかをさらに細分化して特進コース・進学コース・文理コースなどを開設し、3年後に目標とする大学に合わせたカリキュラムを組むなど、進学指導を重視して受験生にアピールする高校が増えています。

このように、私立高校はその数だけ校風・特色があるといえます。

首都圏には全国でも最も多く私立高校が存在しており、たくさんの魅力ある学校から自分に合う高校を選び取ることができる恵まれた環境だともいえます。

ただ、その高校の特色を理解しないで入学してしまうと、ミスマッチとなり、後悔ばかりの3年間となってしまいます。高校を選ぶとき、学校説明会などで学校の様子を、よく観察し、自分の感性で研究することが大切です。

私立高校は、総じて施設・設備面でかなり充実し、特別教室や自習室、食堂、体育施設などのほかに校外や海外に研修施設を持つ学校も多くあります。

首都圏の私立高校の入学試験は、都県によって呼び方が違いますが、推薦（前期）入試と、一般（後期）入試に分けられます。

通常、一般（後期）入試では学力試験が重視されます。学校によっては面接、作文などが行われます。公立高校と異なり調査書はあまり重視されず、参考程度にとどめられています。

推薦だから「試験はなし」という学校が多いのですが、推薦（前期）入試でも、適性検査という名称で筆記試験を課されることも多くなってきました。

これらの学力試験や適性検査の科目数は、国語・数学・英語の3科目という学校がほとんどです。

私立高校の入試は、都県ごと、また、学校ごとに試験日程、入試システムがまったくといっていいほど違いますので注意が必要です。

埼玉では前期・後期の垣根がなくなり、ほぼ一本化された入試となっています。千葉の私立高校では、かつての「前期」への募集前倒し傾向が強くなっています。東京、神奈川では「推薦」の募集を減らし「一般」募集に定員をまわす傾向も出てきました。

学費（授業料）の面では、私立高校への国と自治体の支援金が充実してきたことから、公立高校とほぼ同じになりました。いまでは受験生は私立高校へと大きく流れている状況です。

私立高校は

大学附属校　**進学校**　**多くは普通科**

- 個性豊かな校風
- 充実した設備
- 独自性のある教育

公立高校は

自治体運営　多くは共学校　専門学科あり

- 自分の興味・関心に合わせて幅広く学習
- 希望進路に合わせたクラス分け
- 多様化する授業の進め方

公立高校

感じられる伝統と自由　学費が安いのも特徴

公立高校は、都道府県や市町村といった地方自治体によって設立され、その運営も自治体が行っている学校です。ですから、公立高校は、原則的にその都県在住者のみしか受検できません。また、千葉では学区制があり（東京・埼玉・神奈川はすでに廃止）、地域によって受検できる学校が限られます（市立高校は一部制限がある）。首都圏では、東京都立の普通科はすべて共学、他県では男子校、女子校が見られます。

全日制、定時制、通信制などがありますが、全日制のなかにも、普通科のほかに専門学科（理数科・外国語科・商業科・工業科・農業科など）があります。これらの特徴を合わせ持つ総合高校という形態の学校もあります。総合高校では、普通科目と専門科目の様々な科目のなかから、自分の興味・関心・進路希望に合わせて幅広く学習ができます。

普通科では2年・3年次に、希望進路に合わせて文系・理系にクラス分けする学校が多く、進路希望に沿った学習ができるよう、多くの選択科目を設定し、私立高校並みに大学進学にポイントを絞る学校も多くなりました。

都立高校の「進学指導重点校」に代表されるような、難関大学進学にウエイトをおいた学校が増えてきているのも、このところの特徴です。

また、授業やカリキュラムの進め方も多様化しており、普通科のなかでも「単位制」の学校は、クラス編成、学年編成にこだわらず、単位取得について、生徒が自分で時間割を作る学校です。

公立高校も私立高校ほどではないにしても、各校に校風があります。部活動が盛んな高校、ほとんどの生徒が大学進学をめざしている高校など、その高校のカラーがありますので、よく観察しましょう。とくに最近は、都や県の教育委員会が、各校に独自色を打ち出すよう指導もしています。

校則が比較的ゆるやかで、制服がない学校もあり、自由な学園生活を魅力に感じる生徒がめざす学校ともいえます。

しかし、その分、しっかりと自分を律することができないと、怠惰《たいだ》な高校生活を送る危険性があるともいえます。例えば、前述した単位制の学校などは、すべて自分で時間割を組むわけですから、自律ができない生徒には、むしろ向きません。

私立高校に比べると学費はほとんどかからず、授業料は無償です。その他の費用として制服や体操着代、修学旅行の積み立てなどがかかりますが、施設費などもかかりません。

国立高校

狭き門くぐり切磋琢磨　高レベルだが伸びのび

国立高校は高校単体で設立されているのではなく、独立行政法人国立大学（いわゆる国立大学）の附属高校として作られています。ですからその名称は、「国立〇〇大学附属高校」となります。

学校教育の今日と明日

イマドキ学校選択事情

どう選ぶ？
君に合った学校！

建学の趣旨は、「教育学に関する研究・実験に協力」する「教育実験校」です。その意味で、小学校、中学校も併設している学校が多くあります。

併設の中学校から進学する生徒が多く、高校からの募集人員は少数ですので入試の難易度も高く、入学後の学力レベルも高いのが特徴です。

あくまで「教育実験校」ですから、授業形態やカリキュラムを、先生、生徒の人間関係を含めて研究する学校です。得られたものを日本の教育に役立てようとしているわけです。ですから、大学受験向きに授業が組まれているわけではありません。それが、受験勉強とはかけ離れた伸びのびした校風につながっているともいえます。

国立高校から系列の国立大学への進学については、他の高校より有利になるということはありません。系列の国立大学に進学しようとする場合でも、他の高校からの受験生と同一の条件で、「大学入学共通テスト」から臨むことになります。

各国立高校は、授業の内容も質が高く、入学後の学力レベルも高く維持されているため、難関といわれる大学への進学実績も非常に高いものがあります。生徒自身が互いに高めあう校風があるのが国立高校全体の特徴で、これが、高い進学実績維持の原動力といえます。

国立高校の入試には「推薦入試」はありません。一般入試は学力検査と面接で、学力検査の出題はその学校の独自問題です。

２０１９年２月の時点での学費は、公立とほぼ同じで、ほとんどかかりません。

受験する場合、国立高校には通学地域、通学時間に制限がある学校が多いので要注意です。

◇

私立、公立、国立高校の違いを簡単に述べてきましたが、いずれの学校であっても、校風や学校文化を知るためには、学校案内などの資料を調べることを第一歩に、実際に学校に出かけて、自分の目で見てみることが大切です。

国立高校は

教育実験校 / 国立大附属 / 難易度高い

- 入試難易度が高く、入学後も学力レベルが高い
- 授業内容の質が高い
- 生徒自身が互いに高めあう校風

もっと知るには説明会や文化祭を見てみよう

男子校、女子校、共学校の違いを知っておこう

どのタイプの高校が自分にとっていいのか見極めよう

共学校か男子校・女子校か自分はどこに向いているか

学校選択を進めるときに考えておかなければならない学校の違いという要素に、「共学校」か「男子校・女子校」か、という選択があります。

共学校を志望するのか、男子校・女子校を選ぶのかは、進学したあとの学校生活を考えたとき、とくに重要な選択となります。

どちらを選ぶかによって、学校行事、部活動など、授業以外に過ごす時間での「楽しさ」「やりがい」「達成感」などが大きく変わってくるからです。また、それが友だちづきあいの濃淡につながり、ひいては勉強する雰囲気に関係していきますから、学業成績にも大きな影響があるわけです。

首都圏の公立高校の多くは共学校です。私立高校の多くでも、共学が主流となっていますが、伝統校を中心に男子校・女子校があります。また、大学進学実績の高い学校としては男子校、女子校が並びます。

ただし、千葉の私立高校では共学校がほとんどで、男子校はなく女子校も3校のみです。

埼玉でも男子校・女子校はそれぞれ5校のみです。

それは、ここ10数年、私立高校のなかにあって伝統ある男子校や女子校が共学校へと移行するケースが増えてきたからです。

首都圏だけでもこの10年余で共学化した高校として、目黒日大、錦城学園、日本工大駒場、かえつ有明、明星女子部・男子部、法政大高、広尾学園、明大明治、目白研心、東京都市大等々力、目黒学院（いずれも東京）、市川（千葉）、早大本庄（埼玉）、横浜富士見丘学園（神奈川）など枚挙にいとまがありませんし、これからも予定されています。

広尾学園などは、共学化したことによって偏差値が上がり、人気校となっています。

法政女子（神奈川）も昨春から共学化し、法政国際と名を改めました。

同じ神奈川の桐蔭学園も昨春、別学校から共学校に転じました。別学校については

学校教育の今日と明日
イマドキ学校選択事情

どう選ぶ？
君に合った学校！

後述します。

これだけ共学校が増えるにつれ、男子校・女子校は減っており、とくに高校募集のある女子校は少なくなっています。私立の上位校では慶應女子、豊島岡女子学園（いずれも東京）が残るぐらいです。

公立高校は共学校がほとんどです。私立高校はそれぞれの教育理念で運営され、創立者の考えが受け継がれていることから男子校、女子校が成り立っています。どちらかを選択することができるのも私立高校ならではのよさともいえます。

共学か男女別学かを選ぶ作業の前に、自分はどんな高校生活を送りたいのかということをしっかりと描き、どのタイプの高校が自分にとっていいのか、充実した高校生活を送ることができるのか考えてみましょう。

自分が共学校向きか男子校・女子校向きかは、志望校選びを始める前に見極めておく必要があります。わからなければ、中学校の担任や部活動の先生、塾の先生、また、友だちにも相談してみましょう。

共学校人気が続いているが 男子校・女子校も根強い人気

ここ数年、共学校に人気が集まり、生徒募集ではとくに女子校が苦戦気味といわれていますが、前述の通り、私立高校では募集のある女子校自体が激減していますから当然といえば当然で、女子校に行きたくても選ぶ学校が少なすぎ、難度も高いことから敬遠されます。その流れで、入りやすい女子校まで人気薄となっているのです。

公立高校では、全国的に共学校が一般的ですが、伝統ある男子校、女子校もあります。

東京都立、神奈川の公立高校はすべてが共学校ですが、埼玉と千葉の公立高校には男子校、女子校があります。

首都圏4都県で私立高校以外の国公立全日制の男子校、女子校は、東京で国立の筑波大附属駒場（男子校）とお茶の水女子大附属（女子校）、埼玉県立の男子校5校（春日部、熊谷、県立浦和、県立川越、松山）、女子校7校（浦和第一女子、春日部女子、川越女子、久喜、熊谷女子、鴻巣女子、松山女子）、千葉の女子校2校（木更津東、千葉女子）となっています。

私立高校には、すでに指摘したように、共学校が多いのですが、男子校・女子校もあります。また、共学校、男子校・女子校の中間的な学校として「別学校」という学校もあります。

東京の国学院久我山、神奈川の桐光学園などは同じ敷地内に男子・女子が在籍していますが、ほとんどの授業、行事、部活動は男女別に行われます。これらが別学校（併学校）と呼ばれている学校です。

なお、桐蔭学園は昨春から別学校から共学校に転じました。かつてはこのタイプの別学校はほかにもあったのですが、多くが共学校へと移行しています。

学校選びの要素としては男子校・女子校と同じと考えていいでしょう。東京の国学院久我山は、自ら「共学校的別学校」と呼ぶほどです。

★★★ 共学校 ★★★

プラス
- 共学の公立中からの移行がスムーズ
- 男女お互いの違いとよさを認めあえる
- 男女の優れた点をお互いに吸収できる

マイナス
- 男子・女子に特化した活動がしにくい
- 男子・女子の分担が作られてしまう傾向がある

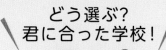

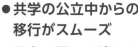

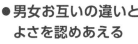

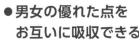

男子校、女子校、共学校 それぞれのよさがある

共学校、男子校・女子校にはそれぞれ長所があります。この長所が自分に合っている学校を選ぶうえで大事な要素になります。

最近は、共学校の方が人気ですが、男子校には男子校のよさが、女子校には女子校のよさがありますので、その人気も根強いものがあります。

かつての高校では、工業高校には男子が、商業高校には女子が、といったイメージがありましたが、最近では工業系の高校に女子が、被服や家政関係の高校に男子が入学するケースも珍しくなくなっています。

社会のなかで男女差がなくなってきたのに呼応して、高校選びの過程でも男女のこだわりがなくなってきているといえます。

★★★ 男子校 ★★★

プラス

- 歴史や伝統を持つ学校が多い
- 学校行事を徹底してやりぬく学校生活
- 異性の目を気にせず男子としての潜在能力が引き出される

マイナス

- 女子の考えや立場に接する機会が少ない

男子校には旧制中学からの流れをくみ、歴史と伝統を持つ学校が多くあります。生徒も学校行事、部活動などに徹底して力量を発揮していくタイプの生徒が多いのも特徴の1つといえます。

女子校では「よき母親」を育てるといった教育方針が、かつては前面に出ていましたが、いまでは「国際性、自主性」を重視し、国際的な舞台で力を発揮できる女性を育成する、といったような教育理念へと脱皮し、新機軸を打ち出している学校がほとんどです。

共学校か、男子校・女子校を選ぶかは、ここまで述べてきたように、どんな高校生活を送りたいかという点が重要です。高校の役割は大学進学だけではありません。人間形成の部分が大きなウエイトを占めています。

今後の社会に求められる人間像も変わってきました。

それぞれの特徴を知り、どのタイプの高校が自分にとって充実した高校生活が送れるのかを考えてみましょう。自らの成長をどのように作りあげていくか、そのためにはどのような学校選択が必要か、男子校・女子校、共学校、あるいは別学校の、それぞれの意義と、果たす役割、内容について、改めて考えてみましょう。

進学実績はもちろん大切ですが、それだけでなく、「人としての成長・人間形成になにが大切か」の視点もまじえて志望校を選ぶことが大切です。

共学校

多くの公立高校、また、私立高校でも男女共学の学校が多くなっています。共学であった公立中学校から進学する場合、環境が変わらずスムーズに溶け込めるのもプラス面の1つです。ただ、同じ共学の私立高校でもそれぞれ独自の教育理念で運営されていますから、「共学」というくくりでも、学校ごとにそれぞれ独自の校風があります。

共学校では、男女がお互いの違いとよさを認めあい、相互に優れた点を吸収することができます。

マイナス面は、男子、女子に特化した活動がしにくいことでしょうか。

男子校

首都圏公立高校の男子校は前述の通り埼

学校教育の今日と明日

イマドキ学校選択事情

どう選ぶ？
君に合った学校！

玉県に5校のみですが、私立高校には多くの男子校があります。これらの高校は、伝統校が多く、歴史ある校風を受け継いでいます。

男子のみという特徴がありますので、勉学のみならず部活動や文化祭・体育祭などの学校行事を徹底してやりぬくという学校生活になります。それが「よかった」と、卒業生のほとんどが語ります。

男子のみという環境で育む友人関係が強固で、卒業しても長いつきあいになることも多いです。

先輩からの学びも印象に残り、大学入試への挑戦でもいい影響を受けている様子がよく見られます。男子同士で切磋琢磨し、スポーツや進学で高い実績をあげている男子校が多くあります。

マイナス面としては女子の考え方や立場に接する機会が少ないことがあげられます。

女子校

首都圏公立高校の女子校は埼玉県に7校、千葉県に2校のみですが、私立高校には多くの女子校があります。

これらの私立女子校も伝統校が多く、創始者も女性である場合が多いため、女性が成長していくうえでの「見守り」が大切にされています。

女子のみという特徴を活かし、それぞれ特色ある教育理念を掲げて女子教育を行っています。異性の目を気にせず、自分の個性を積極的に伸ばしていけるのも女子校ならではといえます。カリキュラムや部活動でも女性ならではの特性を活かしたプログラムが用意されています。

男子がいないことから、学校行事での力仕事なども女子が分担して活動していくことになります。

マイナス面としては男子の立場の理解や、考え方に接する機会が少ないことがあげられます。

さて、男子校、女子校、共学校それぞれの特徴を知るためには、やはり「学校に行ってみる」ことが大切です。

それぞれの特徴や雰囲気は、じつは、学校ガイドやホームページを閲覧しているだけではつかみとることができません。ぜひ、学校説明会などに足を運び、自分の目で、その雰囲気に触れてみましょう。

★★★ 女子校 ★★★

プラス
- 伝統校が多い
- 「見守り」を大切にしている
- 男子校同様、異性の目を気にせず女性としての自分を作れる
- 女性ならではの特性を活かしたプログラム

マイナス
- 男子の立場への理解や考え方に接する機会が少ない

未来へジャンプUP！

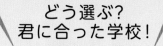

KOSEI DREAM

～夢をかなえる、世界のステージで～

◆ **過去2年間で英検1級7名、準1級68名！**

〈2019年度大学合格実績〉

・国公立大	18名
・早慶上智ICU	25名
・GMARCH理	49名
・海外大学	5名

目標別3コース制

● 特進文理コース　3種のクラスできめ細かくサポート

- ・スーパーグローバルクラス
- ・メディカルクラス
- ・文理クラス

● 特進留学コース　NZ提携校に1年間留学

● 進学コース　部活動も大学受験もサポート

学校行事・説明会日程

● 乙女祭（文化祭）

9/21（土）・9/22（日）

● 特進留学コース・スーパーグローバルクラス説明会

6/29（土）・9/14（土）・10/19（土）

学校説明会は９月以降に開催します。
日時等の詳細は学校ホームページをご覧ください。

佼成学園女子高等学校

東京都世田谷区給田2-1-1　☎03-3300-2351　http://www.girls.kosei.ac.jp/

【アクセス】京王線「千歳烏山駅」徒歩6分　小田急線「千歳船橋駅」から京王バス15分「南水無」下車

CONTENTS

SUCCESS 15　6

http://success.waseda-ac.net/

サクセス15
June 2019

表紙:早稲田大学高等学院

新学期だからこそ考えよう
授業のペースはだれのためにあるのか

新学期の「憂鬱《ゆううつ》」はありませんか

- ●みんなのペースについていけない
- ●まだわかってないのに「次の単元」
- ●自分は学習能力が劣っている？
- ●定期テストの成績が悪い
- ●教室で孤独を感じる

気をつけたい「五月病」一斉指導の落とし穴かも

新学期が始まって1カ月、この時期、五月病という病気を発症することが少なからずあります。新しい環境の変化に「心」がついていけないことから精神的な不安が増してきて「うつ症状」が出てくることをさして言います。

新学期で、新しい仲間ができないうちに勉強のペースが速かったりすると孤立感から不安が増すのかもしれませんね。

学習のペースは人それぞれに違うものなのですが、おそらくこれまでの経験から「学習速度の速さ」を「優れた学習能力」と同一視する場面が多くあり、ペースについていけないと学習能力が劣っていると誤解していても無理はありません。

とくに同じペースで一斉指導をするのが多くの学校の通例ですから、自身の納得のいかないまま次の単元に進むことが往々にしてあります。

そこに定期テストなどがあって低い評価が出てしまうと「これは学習能力が低いのだ」と、自身、自らの学習能力を疑ってしまうことになります。これでは自己肯定感は生まれません。

さらにそれが「成績」となり「あなたの成績は中下位にあります」などと開示されると、周囲の生徒の目や、先生の見る目もそうした見方をしがちになってしまう……。残念ながらよくあることです。

しかし、これは１９７０～80年代で、すでに間違った考え方だという結論が出ています。

1人ひとりの学習ペースは異なります。しかし、その速い遅いを学習能力と同一視するのは明らかな間違いなのです。

学習ペースをマイペースつまり自分のペースでやれば、どんな生徒でも学習目標をほぼクリアすることができる、というのは確立した科学的所見です。

実現が可能になっている個々のペースに合う指導

ただし自分のペースで学習することも、ペースに合わせた個別指導を受けられる、という条件があってのことです。

「個々のペースに合った個別指導」という

学校教育の今日と明日

イマドキ学校教育事情

新学期の「憂鬱」はありませんか

森上教育研究所　所長 森上展安

スタイルは、これまではとてつもなくぜいたくな教育環境だと考えられていましたが、私たちにはいまではＩＣＴの恩恵があります。かなり少ない費用で繰り返し講義のＶＴＲを見ることも可能ですし、質問したら丁寧に助言、解答してくれるネットワークも整備されてきました。

つまり個別指導が安価に容易に実現できるわけです。

最近よく利用されるスカイプによる英会話などは、みんなでいっしょに声を出してやる会話学習の授業では実現できない、個人に合わせた学習ペースを実現しています。わかりやすい例ですね。

もちろん、単元や科目によって、それぞれの生徒で飲み込みの速さには違いがあります。1クラスが35人となれば同じペースで進むやり方では、ある授業ではAさんが、違う授業ではBさんが理解できないということが起こってくるのは当然です。

それぞれのペースに学び方を合わせていきさえすれば、大抵のことは理解できることなのですが、学校がやりやすいかどうか、という問題があります。

学校は、どうしても一定のペースで考えようとします。

となれば、生徒の方から自身のペースで学ぶことができるように先生と相談してほしいのですが、その相談ができるかどうかこそが、じつは生徒の側の問題です。

ただ、たった1人でそれを先生に言いに行くのは、とくに学年の初めでは言い出しにくいでしょう。

そこで数人のチームを作って、できれば放課後に宿題をいっしょにしたりすることで教えあい、学びあいをやってみることをすすめます。

そうした日々の積み重ねをしていくと、自身の問題というより各自の問題としていまの学習ペースがこうしたチームの努力で解決できる程度か、そうでないかが見えてくるのではないでしょうか。そのうえで、チームとして学校と対峙していく、そんな姿が見えてきますね。

物事は最初が肝心といいます。

学習能力は学ぶペースと関係ありません。このことをしっかり肝に銘じて自身の能力を高めていってください。

じゃあどうすればいい

- ●「学習速度」=「学習能力」はウソ
- ●自分のペースでも目標に到達できる
- ●個々のペースに合わせた指導が前提
- ●とにかく一度は先生と相談
- ●1 人で背負わずチームで助けあう

森上教育研究所

1988年、森上展安（もりがみのぶやす）氏によって設立。受験と教育に関する調査、コンサルティング分野を開拓。私学・私塾向けの月刊誌のほかに森上を著者に『10歳の選択 中学受験の教育論』、『中学受験　入りやすくてお得な学校』（いずれもダイヤモンド社刊）などを発刊。

受ける前に合否が決まってしまう「推薦入試」の不思議

東京都の私立高校入試制度

私立高校の入試制度は、都県ごと、学校ごとに異なる部分があるので注意が必要です。今回は東京都内にある私立高校の入試制度についてご説明します。とくに「推薦入試」と呼ばれる試験は、多くの学校で受ける前に、ほぼ合否が決まってしまう、ある意味「不思議な制度」となっています。

私立高校の推薦入試は事前相談で合否がわかる

私立高校の入試は公立高校の制度の影響を受けますが、東京も例外ではありません。首都圏公立では、東京の都立高校だけが推薦入試と一般入試に分けて入学者を選抜しています。神奈川、埼玉の公立では一本化されており、千葉公立も2021年度入試（現在中学2年生の高校入試）から一本化されます。

東京の私立高校は、都立高校の入試と同様、推薦入試と一般入試に分けて入試を行っており、1月下旬に「推薦入試」が、2月中旬に「一般入試」が実施されています。都内の私立高校の推薦入試は例年1月22日以降に実施されます。

これら2つの入試は、開始日は設定されていますが、選抜方法などは各校が独自に決めています。

推薦入試はその私立高校に入りたい第1志望の生徒が受ける入試で、都立高校も含め、他校との併願はできず、合格した場合は、必ずその学校に進学しなければなりません。

「書類選考（内申点など）」「作文」「面接」「実技」「適性検査」のなかから、各私立高校が自由に選んで実施します。なお「適性検査」は、「国・数・英」の3教科を一般入試より短い時間で行う場合が多いのですが、学校によって違いがありますので、学校説明会や合同説明会に足を運ぶなどして必ず確認しておく必要があります。

都内の私立高校推薦入試では、通常は中学校の先生と高校の先生との間で事前に行われる「入試相談」を経てから出願することになります。

入試相談は12月の中旬、各私立高校に中学校の先生が出かけていって相談します。中学校の先生は、自校から当該私立高校を志望している生徒の名簿と内申点（3年2学期の仮内申）の一覧を携行し、1人ひとりについて推薦入試を受けることができるかどうか、つまり、合格の可能性があるかどうかを相談します。

この入試相談のベースとなるのが「推薦基準」で、事前に高校側から具体的な数値で示されます。

ほとんどの高校では「内申」を基準数値としています。基準数値は「9教科で○点以上、ただし1がないこと」とか、「9教科で○点以上、そのうち5教科は○点以上」など、各教科5段階評価での合計数値で示されます。

入試相談で合格が保証されるわけではありませんが、推薦基準をクリアしていれば、ほとんどの場合、合格と同じ意味合いの「受けていいですよ」という返事がもらえます。

ただ、なかには推薦基準は出願のための最低ラインという学校（おもに難関校）もあり、基準数値の意味も学校によって違ってくるので注意が必要です。

学校教育の今日と明日

イマドキ私立高校事情

東京都の私立高校入試制度

このように、ひと言に推薦入試といっても各私立高校でその制度・形態は様々ですから、よく研究しておきましょう。

併願優遇制度がある東京私立の一般入試

一般入試は例年2月10日以降で、学校によって入試日は異なります。

入試システムは各校が自由に決めますが、ほとんどの学校が国語・数学・英語の3教科の学力試験と面接での選抜となります。なかには「2教科＋面接」や「作文」を課す学校もあります。また芸術系の学校では実技試験等もありますので、学校説明会などで必ず確認してください。

出願時に調査書も提出しますが、都立高校のようにその内容が点数化されることはありません。

さて、一般入試には、大きく分けて2つの形態があります。

1つが「併願優遇制度を利用しての受験」、もう1つが「併願優遇制度を利用しない受験（いわゆるフリー受験）」です。

「併願優遇制度」と呼ばれる制度は、都立高校が第1志望で「都立高校が不合格だったらその私立高校へ入学する」という条件で受験する制度です。方法としては学力検査の得点に加点措置が行われます。このため合格の可能性は高まります。どのように優遇するかは学校ごとに違います。

併願優遇制度を使う場合も、基本的に中学校の先生と高校の先生との「入試相談」が必要となります。その際も私立高校が示す内申基準をベースに相談がなされます。

一般入試では、加算措置があるわけですから、併願優遇制度を利用して受験した方が、いわゆるフリー受験よりは有利になります。

ただ、併願優遇制度を行わない学校もあります。志望する高校でどのような制度が実施されているのかよく調べておく必要があります。

併願優遇制度は、推薦入試のように合格がほぼ決まっているわけではありません。あくまで優遇ですので、当日の学力試験で合格ラインに届かなければ不合格になります。

ですから、安全のために複数の私立高校を受験しておく必要があります。

併願優遇制度を実施している学校は、成績中位・下位校が多いことも事実です。「入試が楽だから」という理由だけでこの制度を利用するのでは、将来が思いやられます。都立高校入試を頑張ったのちの選択が条件であり、楽なすべり止め校に安易に流れるのはやめましょう。

併願優遇制度を利用したくても、高校側が示す内申基準に届かなくて利用できない場合もあります。また、併願優遇制度自体を用意していない学校もあります。このようなときは優遇を受けずに受験する、いわゆる「フリー受験」に回ります。

●推薦入試に必要な「入試相談」という制度
●一般入試は3科目と面接という学校が多い
●都立第1志望なら併願優遇制度利用が便利
●安易な併願優遇制度での進学は高校生活に不安あり

神奈川県公立高校入試結果

2019年度の神奈川県公立高校入試では前年までに続き、平均応募倍率が0.01ポイント下がり1.19倍になりました。平均実倍率は前年と同じ1.19倍でした。難関校に多くの応募者が集まる一方、難度の低い高校では定員割れや緩和傾向も見られます。

横浜翠嵐が実倍率・受検者数とも連続首位

平均実倍率は前年度の１・19倍を維持

２０１９年度（平成31年度）は４万２８１０人の募集に対し、志願者数は５万８８７人でした。平均応募倍率は前年の１・20倍から１・19倍に下がりました。前年の志願者数５万１７８０人より８９３人少なく、公立中学卒業予定者数が４０５人減少しているのに対し、倍以上減っています。それだけ公立より私立を希望する生徒が増えているのでしょう。附属校や進学校の大学入試対策への信頼感と就学支援金の充実が私立志向を高めています。

受検者数は５万４８５人で４万２２６８人が合格しました。平均実倍率は０・０１ポイント下げた前年と同じ１・19倍でした。受検後取り消し者３２８人を除いた平均実倍率も１・19倍で変わっていません。普通科に限ってみても１・20倍→１・21倍→１・20倍→１・20倍とほぼ同じ実倍率が続いています。

横浜翠嵐、神奈川総合、横浜緑ケ丘、湘南が実倍率トップ４校

普通科の実倍率上位12校のうち、学力向上進学重点校は**横浜翠嵐**、**湘南**の2校。進学重点校エントリー校が**横浜緑ケ丘**、**多摩**、**光陵**、**横浜平沼**の4校。横浜市の進学重点校の**市立桜丘**、**市立金沢**を加えると8校もランク入りしています。

最も実倍率が高かったのは横浜翠嵐の１・84倍で2年連続の首位です。昨年、東大合格者数を34人から14人に減らしましたが、安定した人気です。対照的に18人から25人に東大合格者数を増やし横浜翠嵐を大きく上回っていた湘南も１・37倍から１・64倍に上昇しています。ランキングには登場していないものの、**柏陽**が１・27倍から１・42倍、**厚木**も１・23倍から１・27倍と進学重点校４校はすべて実倍率が上昇しました。

東大合格者数を１人から５人に増やした厚木と京大に１人のみ合格の柏陽、横浜翠嵐の高人気を含め、難関国立大学合格実績と応募者数との相関関係はあまり感じられない結果でした。開校当初から人気が続いていたものの、近年はランク入りしていなかった**神奈川総合**が、久しぶりに上位に登場しています。

国際バカロレアコースを新設した**横浜国際**は国際科と合わせても１・30倍で前年の１・38倍を下回りました。国際バカロレアは海外大学進学を前提にしたコースですが、海外留学には高い経費もかかるため入試自体は小規模でした。一方、**市立横浜商業**の国際学科は２・09倍と全学科で最も高い実倍率でした。

普通科で実倍率１・50倍以上だったのは前年の６校から８校に増え、人気校へのチャレンジ志向は続いています。私立志向が増える一方で公立でも上位校をめざす受検者の割合

学校教育の今日と明日

イマドキ公立高校事情

神奈川県公立高校入試結果

安田教育研究所　代表　安田理

神奈川にも私立志向の波

- ●人気はやはり難関校
- ●人口減少率を下回る応募者減
- ●私立志向に押されて下位校は定員割れの憂き目

が上昇しているのでしょう。

横浜翠嵐が受検者数 受検後取消数とも最多

受検者数上位10校では横浜翠嵐がトップを5年連続で維持。2014年（平成26年）の753人にはおよびませんでしたが、ここ2年で700人を超えたのは同校だけで安定した人気です。

県内難関公立トップ2の湘南も600人台に増やし、ランク外から2位に上昇した前年の順位を維持しています。

2年連続2位から前年ランク外だった**市ケ尾**が3位に上昇。同じ旧横浜北部学区にある**川和**が人数を減らし上位10校から姿を消しています。

例年、半数以上が前年もランク入りした学校が名を連ねますが、2019年度は上位2校と希望ケ丘、七里ガ浜の4校にとどまっています。

公立入試の受検後に合格発表のある難関私立高校を第1志望にした生徒が合格発表前に出願を取り消しますが、314人→310人→292人→379人→328人と前年の急増から減少しました。それでも過去5年間では2番目に多く、私立志向の増加傾向が見られます。2019年度は**東京学芸大附属**が多くの追加合格を出した影響か、都立難関校の**日比谷**が二次募集を行いましたが、横浜翠嵐にも影響があったようです。

全日制で定員割れをした高校は34校で615人でした。前年の18校338人、2年前の18校180人から急増しています。クリエイティブスクールや専門学科での欠員の多さがめだちます。難関校ばかりでなく2番手校でも人気を集める高校が増えている一方、難度の低い高校での定員割れが顕著です。高校卒業後の進路に対する不安感から「どこでもいいから公立に」という傾向が弱まっています。東京をはじめ近隣他県でも似た動向が見られ、今後も強まりそうです。

【表1】2019年度実倍率 上位12校（普通科）

1位	横浜翠嵐	1.84倍
2位	神奈川総合（個性化）	1.83倍
3位	横浜緑ケ丘	1.73倍
4位	神奈川総合（国際文化）	1.70倍
5位	湘南	1.64倍
6位	多摩	1.61倍
7位	光陵	1.58倍
8位	横浜市立桜丘	1.55倍
9位	横浜市立金沢	1.48倍
10位	横浜平沼	1.47倍
10位	川崎市立橘	1.47倍
10位	横浜市立東	1.47倍

（神奈川総合、市立東は単位制普通科）

【表2】2018年度実倍率 上位11校（普通科）

1位	横浜翠嵐	1.83倍
2位	多摩	1.69倍
3位	横浜緑ケ丘	1.60倍
4位	新城	1.49倍
5位	川和	1.46倍
6位	川崎市立高津	1.45倍
7位	光陵	1.44倍
7位	横浜市立戸塚	1.44倍
7位	大和	1.44倍
10位	横浜市立東	1.38倍
10位	藤沢清流	1.38倍

（市立東、市立戸塚、藤沢清流は単位制普通科）

【表3】2019年度 受検者数上位10校

1位	横浜翠嵐	730人
2位	湘南	609人
3位	市ケ尾	537人
4位	希望ケ丘	523人
4位	住吉	523人
6位	生田	520人
7位	七里ガ浜	513人
8位	海老名	509人
9位	横浜市立桜丘	496人
10位	大船	489人

【表4】2018年度 受検者数上位10校

1位	横浜翠嵐	747人
2位	湘南	533人
3位	新羽	515人
4位	荏田	507人
5位	希望ヶ丘	488人
6位	多摩	487人
7位	七里ガ浜	486人
8位	港北	482人
9位	川和	477人
10位	鶴嶺	474人

学校教育の今日と明日

イマドキ公立高校事情

神奈川県公立高校入試結果

安田教育研究所　代表　安田理

2020年度
神奈川公立入試は

- **総合的な学力を問うため自己表現検査の実施校広がる**
- **問題を共通化することで標準化へ**
- **初導入校や近隣２番手校の人気にも影響か**

神奈川県公立高校次年度入試はどうなる

２０１７年度（平成29年度）入試から採点ミス防止のために一部導入されたマークシート方式は３回目になりました。

５科合計平均点は２６３・０点で前年の２６４・８点とほぼ同じ結果でした。教科別に見ますと、これまで高い平均点だった国語が65・６点から59・１点に下がり、低い平均点だった理科が45・３点から61・３点に上昇しています。社会も41・８点から42・５点にわずかながら上昇。英語が56・１点から49・８点、数学が56・０点から50・３点に下がっています。回を重ね、教科によって上下動はあるものの50点台前半になるように問題作成をしているように見えます。

２０２０年度入試から自己表現検査が学力向上進学重点校と学力向上進学重点校エントリー校の計17校で、共通問題と共通選択問題形式で実施されます。２０１９年度はその移行措置とする狙いもあってか、７校が共通問題と共通選択問題による自己表現検査を実施しました。これまでは実施校が独自に作成していましたが、その負担を軽減するための変更です。

自己表現検査は科目にとらわれず総合的な学力を問うもので、その性質は変わりません。共通化することで検査内容の難度が標準化する可能性があります。

また、２０１９年度に自己表現検査を実施しなかったエントリー校９校（横浜緑ケ丘は独自に実施していた）でも導入されます。これまで一度も自己表現検査を行ってこなかった川和、**多摩**、**横浜平沼**などの人気校の応募状況に変化が見られるのか注目されます。

２０２０年度自己表現検査実施校

○学力向上進学重点校
横浜翠嵐、湘南、柏陽、厚木

○学力向上進学重点校エントリー校
希望ケ丘、横浜緑ケ丘、光陵、平塚江南、横須賀、川和、多摩、横浜平沼、鎌倉、小田原、大和、相模原、茅ケ崎北陵

○独自の検査実施校（予定）
神奈川総合（国際文化コース）、市立横浜サイエンスフロンティア、横浜国際（国際バカロレアコース）

安田教育研究所

2002年、大手出版社で、受験情報誌・教育書籍の企画・編集にあたり、教育情報プロジェクトを主宰していた安田理（やすだおさむ）氏と、都教育庁「都立中高一貫校入学者決定検討委員会」委員、「都立高専検討委員会」臨時委員、「新しいタイプの高校における成果検証検討委員会」委員などを務めていた平松享（ひらまつすすむ）氏が設立。幅広く教育に関する調査・分析を行う。講演・執筆・情報発信、セミナーの開催、コンサルティングなど幅広く活躍中。

埼玉私学フェア 2019

入場無料

気になる学校の先生とたっぷり相談

個別相談で自分の最適受験校を探す

熊谷展 2日間開催

7月27日㊏ 10時～17時
28日㊐ 10時～16時

会場：キングアンバサダーホテル熊谷　3階
プリンス・プリンセス

川越展 2日間開催

8月17日㊏ 10時～17時
18日㊐ 10時～16時

会場：ウェスタ川越　1階　多目的ホール

大宮展 2日間開催

8月24日㊏ 10時～17時
25日㊐ 10時～16時

会場：大宮ソニックシティ　第1～5展示場

埼玉県内私立高校　※は中学校を併設

（参加校は会場によって異なります。ホームページでご確認ください）

- 秋草学園
- 浦和明の星女子※
- 浦和学院
- 浦和実業学園※
- 浦和ルーテル学院※
- 浦和麗明
- 叡明
- 大川学園
- 大妻嵐山※
- 大宮開成※
- 開智※
- 開智未来※
- 春日部共栄※
- 川越東
- 慶應義塾志木
- 国際学院※
- 埼玉栄※
- 埼玉平成※
- 栄北
- 栄東※
- 狭山ヶ丘※
- 志学会
- 自由の森学園※
- 秀明※
- 秀明英光
- 淑徳与野※
- 城西大学付属川越※
- 正智深谷
- 昌平※
- 城北埼玉※
- 西武学園文理※
- 西武台※
- 聖望学園※
- 東京成徳大学深谷※
- 東京農業大学第三※
- 東邦音楽大学附属東邦第二
- 獨協埼玉※
- 花咲徳栄
- 東野
- 武南※
- 星野※
- 細田学園※
- 本庄第一※
- 本庄東※
- 武蔵越生
- 武蔵野音楽大学附属
- 武蔵野星城
- 山村学園
- 山村国際
- 立教新座※
- 早稲田大学本庄高等学院

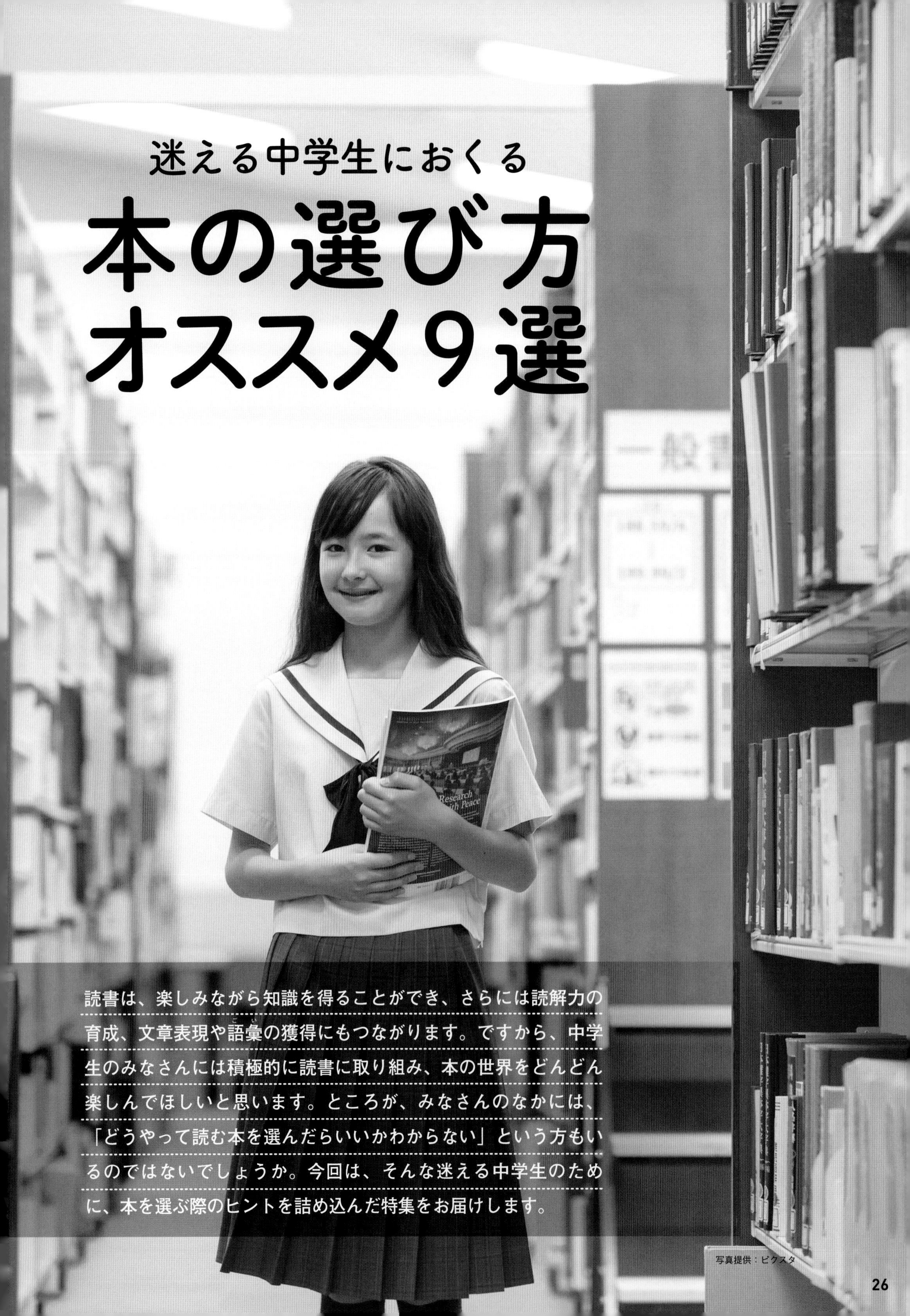

迷える中学生におくる

本の選び方 オススメ9選

読書は、楽しみながら知識を得ることができ、さらには読解力の育成、文章表現や語彙《ごい》の獲得にもつながります。ですから、中学生のみなさんには積極的に読書に取り組み、本の世界をどんどん楽しんでほしいと思います。ところが、みなさんのなかには、「どうやって読む本を選んだらいいかわからない」という方もいるのではないでしょうか。今回は、そんな迷える中学生のために、本を選ぶ際のヒントを詰め込んだ特集をお届けします。

写真提供：ピクスタ

その1

キミをよく知っている人だからこそ

身近な人にオススメの本を聞いてみよう

どんな本が中学生に合っているんだろう、どんなジャンルが自分にとっておもしろい本なんだろうと悩んだとき、周りにいる身近な人におすすめを聞いてみるのも1つの方法です。

例えば読書好きの友だちであれば、同年代ならではの視点で紹介してくれるでしょうし、学校の先生や保護者の方であれば、みなさんと同じ中学生のときに読んでいた本で、いまなお、名作として読み継がれている本を教えてくれるかもしれません。

性格や趣味など、みなさんのことをよく知っている人たちだからこそ、ぴったりの1冊をオススメしてくれるのではないでしょうか。

その2

大勢の人が楽しんでいる

ベストセラーを調べてみよう

書店などでは、ベストセラーランキングを発表しているところがあります。例えば、紀伊國屋書店では、ホームページ（https://www.kinokuniya.co.jp/）に掲載しており、こうしたランキングを見ることで、どの作家の本が人気なのか、どんな本が話題になっているのかがわかるので、読みたい本を探すヒントになります。

もちろん、ランキングにあがっている本のなかには、大人向けで中学生のみなさんには難しい内容のものなどもありますが、ベストセラーは多くの人が楽しんでいる本ですから、そのなかからお気に入りの1冊が見つかるかもしれません。

その3

専門家が選んだオススメの本

読書感想文コンクールの課題図書を読んでみよう

全国学校図書館協議会と毎日新聞社が主催する青少年読書感想文全国コンクール。その課題図書を読んでみるのもオススメです。課題図書とは、「本の専門家の先生方が、年齢に合わせて、多くの感動を得られたり新たな知識を得られたりする本を選んだもの」なので、たとえ学校で感想文を応募していない場合でも、手にとってみてはいかがでしょう。課題図書はホームページ（http://www.dokusyokansoubun.jp/）で紹介されているので、そちらも参考になります。

同年代の中学生はどんな本を読んでいる？

また、ホームページには、前コンクールの入賞者リストも掲載されていて、入賞者が読んだ本を知ることができます。コンクールには、課題図書を読む「課題読書」だけでなく、自由に本を選ぶ「自由読書」でも応募することができるので、リストには様々なタイトルが並んでいます。さらに、内閣総理大臣賞を受賞した感想文は、ホームページ上で読むことができます。自分と同じ年代の中学生がどんな本を読み、どんなことを感じたのかを知ることで、その本に興味がわくこともあると思いますよ。

**第64回青少年読書感想文
全国コンクール 中学校の部 課題図書**

『一〇五度』　佐藤まどか
『太陽と月の大地』　コンチャ・ロペス＝ナルバエス／宇野和美訳
『千年の田んぼ　国境の島に、古代の謎を追いかけて』　石井里津子

その4

本を探すならやっぱりここ！

本屋さんに行ってみよう

本を選ぶ場所として書店の存在は欠かせません。
でも、たくさんの本が置いてあって困ってしまうことはありませんか？
書店で本を選ぶコツを書店員さんに教えてもらいました。

書店を学びの場所として活用してほしいです

丸善 お茶の水店
小中学校学習参考書担当
日谷《ひだに》 良平《りょうへい》さん

POINT 1 色々な本屋さんに行ってみよう

「書店は店舗ごとに品揃えが異なります。訪れる客層に合わせてセレクトしたり、書店側が推している分野の本を多く置いていたり、それぞれ個性があります。普段からなるべく色々な書店に行くようにすると、お店ごとの違いがわかりますし、本との新たな出会いを楽しめるのではないでしょうか」（日谷さん）

POINT 2 お店の通路を全部通ってみよう

「書店は、売れている本はめだたせますし、話題の事柄について関連書籍を紹介するコーナーを設けるなど、売り場を見れば社会の最新のトレンドがわかる場所でもあります。いま自分が興味のあることがあれば、それを深めるためのヒントをもらえると思います。また、一方で好奇心を刺激する学びの場としても書店は有効です。オススメはお店のすべての通路を通ってみること。たとえ自分が全然知らない分野の売り場であっても、通ってみると『いまはこれが話題なんだ』『こんな本があるんだ』と新しい発見があると思います。大きな書店でこれをやると、ちょっとした冒険になりますよ」（日谷さん）

POINT 3 新潮文庫やライト文芸に注目しよう

「文庫本は数が多くどれを読めばいいのか迷うと思いますが、中学生のみなさんには文豪の名作から現代の人気作家までバランスよく揃っている新潮文庫がオススメです。また、近年はライト文芸*というジャンルも人気で、読みやすい内容の作品が多いので、児童書を卒業してなにか読んでみたいけど、本格的な文芸書はまだ難しいと感じる方にはぴったりだと思います」（日谷さん）

＊キャラクター文芸、キャラクター小説などとも呼ばれる。

『イワン・デニーソヴィチの一日』
著:ソルジェニーツィン／訳:木村浩／新潮社／490円+税

◀日谷さんおすすめの新潮文庫はこちら。ソ連の強制収容所に収容された囚人の１日を描いた文学作品。

丸善 お茶の水店

ビジネス街にありながら近隣には学習塾や予備校、大学キャンパス、病院などもあり、幅広い客層に向けた品ぞろえが魅力。学習参考書も充実している。

●

所在地：東京都千代田区神田駿河台
2-8 瀬川ビル１・２階
ＴＥＬ：03-3295-5581
営業時間：月～土 10:00～20:30
日・祝 10:00～20:00
アクセス：JR中央・総武線「御茶ノ水駅」・地下鉄千代田線「新御茶ノ水駅」徒歩１分、地下鉄丸ノ内線「御茶ノ水駅」徒歩２分

日谷さんが選ぶ　中学生に読んでほしいおすすめの３冊

『上馬キリスト教会の世界一ゆるい聖書入門』
著:上馬キリスト教会／講談社／1300円+税

キリスト教や聖書の話をおもしろおかしく紹介する伝道活動が大人気のTwitterアカウントから生まれた聖書の本。「グローバル化が進む現代社会において、世界で最も信者の多いキリスト教の知識は信者でなくても知っておきたいですね」（日谷さん）

宇宙飛行士に聞いてみた！

『宇宙飛行士に聞いてみた！
世界一リアルな宇宙の暮らしQ&A』
著:ティム・ピーク／監修・柳川孝二／日本文芸社／1800円+税

宇宙飛行士に関する質問に国際宇宙ステーションで長期滞在を務めた経験のある宇宙飛行士が答えた本。「Q&A形式で読みやすいです。質問は宇宙飛行士の訓練、打ち上げと帰還、宇宙での生活など様々。楽しくてためになる１冊です」（日谷さん）

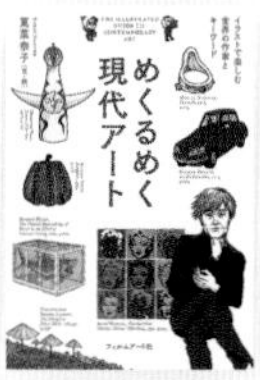
めくるめく現代アート

『めくるめく現代アート
イラストで楽しむ世界の作家とキーワード』
著:筧菜奈子／フィルムアート社／1500円+税

1950年代以降の現代アートの動向に注目し、40名のアーティストと、38のキーワードをイラスト入りで解説。現代アートの世界を気負わずに体験できる。「カラーイラストが満載で、隅々まで見るのが楽しい本です」（日谷さん）

その5

書籍情報はもちろん、読者レビューも参考になる

インターネットで情報収集しよう

本の情報を調べるのに、便利で手軽なのはやっぱりインターネット。試しに、気になる本の題名や著者名で検索してみてください。その本を刊行した出版社のホームページやAmazonなどのネット通販のページのように、たくさんの検索結果が出てくると思います。本を読んだ感想や評論を一般の人々が投稿するサイトなども多いので、読む前にその本の評価や内容が気になる人は、こうしたページを読んでみるのもオススメです。ただし、本を読んだ感想は人それぞれ。いい評価もあれば悪い評価もあるので、あまり他者の意見に振り回されないように。また、ネタバレしたくない人は避けた方がいいでしょう。

SNSを活用する方法も

右のページでお話を聞いた日谷さんも、普段はネットを活用して本の情報を集めているそうです。

「TwitterなどのSNSで、出版社や自分の趣味に合った書籍の情報を流してくれるアカウントをフォローしておくと、『この本がすごくいい』とか『いまこの本を推しています』という旬の情報を得ることができます。実際にこうしたツイートを見て、気になる本を購入することもあります。また、多くの書店でネットで店舗の在庫検索ができるので、ほしい本があったら近隣の書店に在庫があるか調べてみてもいいと思います。丸善・ジュンク堂書店・文教堂書店と提携している『honto（https://honto.jp/）』というサイトでは、通販もできますし、提携書店の在庫検索も可能で、店頭にない場合は出版社に在庫がある本であれば、サイトを通して取り寄せもできるのでとても便利ですよ」（日谷さん）

その6

映画、ドラマ、アニメなどなど…

メディア化された作品を読んでみよう

なにを読むか迷ったら、書籍を原作としながら、映画、ドラマ、アニメなど別のメディアに発展した作品を手に取ってみるのはいかがでしょうか。なぜなら、メディア化されるということは、もととなる原作本の人気や評価が高いものが多いからです。

メディア化作品だからできる楽しみ

作品としての質の高さが期待できることに加え、メディア化作品ならではの楽しみ方として、原作の本とメディア化されたものを比べてみることで新たな発見ができる点があげられます。映像化されたストーリーが文章ではどのように表現されているのか、映画では描ききれなかった細かな設定やエピソードが原作にはどれくらいあるのか、原作とメディア化作品との違いはあるかなど、色々な気づきがあると思います。メディア化された作品で好きなものがあれば、ぜひ原作もチェックしてください。

2018年にメディア化された本

映画化 『ビブリア古書堂の事件手帖ー栞子さんと奇妙な客人たち』
著:三上延／アスキーメディアワークス ／590円+税

鎌倉の古書店を舞台に、店主の栞《しおり》子《こ》が古書に関する謎を解いていくミステリー作品。シリーズは7冊刊行され、昨年公開の映画以外にマンガやドラマ化もした人気作。

ドラマ化 『下町ロケット』
著:池井戸潤／小学館／720円+税

昨年ドラマ新シリーズが放映された「下町ロケット」。下町の中小企業の社員が奮闘する熱い感動作だ。原作小説を読むなら、第1作のこちらから手に取ってみよう。

アニメ化 『風が強く吹いている』
著:三浦しをん／新潮社／890円+税

箱根駅伝をめざす大学生を描いた青春小説。アニメは全23話で、原作の小説にはないオリジナルストーリーが盛り込まれている。映画化もされている。

武蔵野プレイス事業部
プレイス図書館　主事
早川《はやかわ》 理紗《りさ》さん

その7

学生の強い味方！

図書館を有効活用しよう

学生が本を選ぶときに大きな味方になるのが図書館です。
その場でゆっくり本を探したり、読んだり、借りたり。
そんな図書館での本の選び方を司書さんに聞いてみました。

POINT 1　あまり肩ひじ張らずに始めてみよう

「図書館の利点の１つに『無料』で借りられるということがあります。例えば購入すると『読まなきゃ』という気持ちにもなりがちですが、そんなに肩ひじを張らずに、当館であれば10冊まで借りられますので、まずは少しでも興味が持てたものを10冊借りてみてください。そして、10ページぐらいずつでも読んでみて、おもしろそうだなと思えたものから読んでみる、あまり興味が持てなかったものは返却する、という方法でもいいのではないでしょうか」(早川さん)

POINT 2　短編や「ブックガイド」もオススメ

「読書は、やはり慣れるまではなかなか大変かもしれません。そんな人には星新一さんの『ショートショートコレクション』のような短編や、様々な本を紹介している『10代のためのYAブックガイド150！』のような本のガイドから、始めてみてください。ちなみに『YA』というのは『ヤングアダルト』の略で、みなさんのような年代の人たちのことをさします」(早川さん)

POINT 3　スタッフにどんどん聞いてみよう

「どんな本を選べばいいのか、わからないこともあると思います。そんなときはスタッフに声をかけてみてください。『小説が読みたい』ぐらいでも大丈夫です。そのときに自分が興味を持っているモノ、コト、スポーツ、趣味などを言ってもらえると、探しやすくなるので、それもポイントです。みなさんが読書に興味を持ってくれていることが私たちも嬉しいので、どこの図書館でも、スタッフはきっと親身になってくれると思いますよ」(早川さん)

◀武蔵野プレイスのYAコーナーでは、スタッフおすすめの書籍が紹介されています。

ひと・まち・情報 創造館

武蔵野プレイス

最寄り駅を降りてすぐという立地のよさと、１階にカフェ、地下には19才以下の青少年が自由に過ごせるスペースやレンタルスタジオ、３階にはスタディコーナーなども併設しており、小学生から大学生まで、多くの学生も利用している複合機能施設。

●

所在地：東京都武蔵野市境南町 2-3-18
ＴＥＬ：0422-30-1900
開館時間：9:30～22:00　水曜日休館
アクセス：JR中央線・西武多摩川線「武蔵境駅」徒歩１分

早川さんが選ぶ　中学生に読んでほしいおすすめの選ぶ３冊

『うたうとは小さないのちひろいあげ』
著：村上しいこ／講談社／1500円+税

同じ高校に進学したものの、入学早々に不登校となった親友のため、「友だちは作らない」と決めた主人公の桃子。しかし、思いがけず入部した「うた部」で過ごすうちに…。「気持ちの表現の仕方などが学べます」(早川さん)

『正しいパンツのたたみ方
新しい家庭科勉強法』
著：南野忠晴／岩波書店／840円+税

英語教員から家庭科の教員になった著者が伝える生活していくためのアドバイス。「タイトルで驚くかもしれません（笑）。中学生にはいまはピンと来ないかもしれませんが、きっとこの先、役に立つことがある、そんな本です」(早川さん)

『カレーになりたい』
著：水野仁輔／イースト・プレス／1300円+税

出張料理ユニット「東京カリ～番長」の著者による、カレーの魅力、楽しみ方を余すところなく伝える１冊。「雑学や自分が好きなものから読書に入るのも楽しいですよ。本って色々なジャンルのものがありますから」(早川さん)

その8 プロが選ぶ作品の数々
文学賞受賞作品をチェックしてみよう

８つ目に紹介する選び方は、「文学賞」に目を向けてみるというものです。日本には様々な文学賞がありますが、なかでも有名なのは、「芥川龍之介賞（通称、芥川賞）」「直木三十五賞（通称、直木賞）」の２つでしょう。みなさんも耳にしたことがあるのでは？

両賞は1935年（昭和10年）に制定された歴史ある文学賞で、ノミネート作品のなかから著名な作家（選考委員）が何時間もの議論のうえ決定するため、これまでの受賞作は読み応えのあるものばかり。プロがどんな作品を選んでいるのか、チェックしてみてはいかがでしょうか。なお、「芥川賞」は新人作家の純文学作品、「直木賞」は新人、および中堅作家のエンターテインメント作品が対象で、それぞれ年に２回、上半期（前年12月から５月までに発表されたもの）と下半期（６月から11月）に分けて発表されています。

書店員が選ぶ文学賞にも注目

もう１つ、メディアなどでよく話題にのぼるのが「本屋大賞」です。芥川賞、直木賞など選考委員が受賞作を選ぶ文学賞とは異なり、書店員が受賞作を選ぶのが特徴です。対象作品はジャンル不問、過去１年間に発表された作品のなかから書店員自身がおもしろいと感じ、お客様にオススメしたい、と思った本に投票し、大賞が決定されます。幅広い層が親しめる作品が選ばれることが多いので、直木賞や芥川賞受賞作品が少し難しいと感じたら、こちらを読んでみるといいでしょう。

直近の受賞作品

芥川賞	第160回（2018年下半期）受賞作品	『1R1分34秒』町屋良平 『ニムロッド』上田岳弘
直木賞	第160回（2018年下半期）受賞作品	『宝島』真藤順丈
本屋大賞	第16回（2019年）受賞作品	『そして、バトンは渡された』瀬尾まいこ

また、芥川賞、直木賞にしても、本屋大賞にしても、惜しくも受賞は逃したものの、ノミネートされた作品は個性豊かな作品がそろっていますし、３つの文学賞以外にも、ジャンルや対象が異なる多様な文学賞が存在しますから、それらを調べてみるのもおもしろいかもしれませんよ。

その9 気に入った作者の別作品も見逃せない
著者名に着目して本を探してみよう

最後にご紹介するのは「著者」に着目した選び方です。ここまで見てきた８つのヒントをもとに本を選んでみて、おもしろいと思える本、自分に合っていると感じる本に出会えたら、同じ作者の別の作品を読んでみることをオススメします。

図書館や書店の蔵書検索機能や、インターネットなどで著者名を検索すると、その作者の作品が一覧として出てくるので、そのなかから気になるものを選んで読んでみましょう。

有名作家の作品を手に取ってみる

まだそうした本に出会えていないという人は、有名作家の作品を手に取ってみるのもいいでしょう。

芥川賞選考委員	小川洋子、奥泉光、川上弘美、島田雅彦、髙樹のぶ子、堀江敏幸、宮本輝、山田詠美、吉田修一
直木賞選考委員	浅田次郎、伊集院静、北方謙三、桐野夏生、髙村薫、林真理子、東野圭吾、宮城谷昌光、宮部みゆき

例えば芥川賞、直木賞の選考委員は、上記のような有名作家が務めていますから、彼らの代表作を読んでみるのも１つの方法です。作家によって作風が異なりますから、色々な作家の本を読んでいるうちに、好きな作家が見つかると思いますよ。

今回紹介した色々なヒントを参考にして、楽しみながら本を選んでみてくださいね。

Special School Selection

★★★

主体的に学び 自分の人生を 作ることができる人に

東京都 練馬区 ● 男子校

早《わ》稲《せ》田《だ》大《だい》学《がく》高《こう》等《とう》学《がく》院《いん》

所在地：東京都練馬区上石神井3-31-1
アクセス：西武新宿線「上石神井駅」徒歩7分
生徒数：男子のみ1480名
TEL：03-5991-4151
URL：https://www.waseda.jp/school/shs/

- ●3学期制
- ●週６日制
- ●月～金６時限、土４時限
- ●50分授業
- ●１学年12クラス
- ●１クラス40名

早稲田大学高等学院は、大学受験の必要がない附属校としての強みを活かした学習環境のもと、生徒が自らの将来をじっくりと考え、その希望進路を実現するための学力や人間性を育むカリキュラムを用意しています。

100年近い歴史を刻む早稲田大の附属校

早稲田大学（以下、早稲田大）の附属校として、100年近い歴史を刻んできた早稲田大学高等学院（以下、早大高等学院）。

その歴史の始まりは、1920年（大正9年）に早稲田大の敷地内に設置された旧制早稲田大学高等学院です。

本杉《もとすぎ》 秀穂《ひでほ》 学院長

早大高等学院は、早稲田大の附属校として「早稲田大学の中核をなす人材の育成」を掲げています。では、それは具体的にどんな人材なのでしょうか。本杉秀穂学院長はこう話されます。

「本校の前身は早稲田大の高等予科から出発していますから、やはりその伝統は色濃く残っています。ほぼすべての卒業生が早稲田大に進むこともあり、まずは大学において学問にしっかりと取り組むことができる生徒を育てることが求められています。

そして、なにごとにも『イニシアチブ』を発揮でき、正解が1つとは限らない、または未知の問題に対して仮説を提案できる人を育てるための教育を行っています」

早大高等学院生には大学受験はありませんが、その分、早稲田大の「どの学部に進むべきかを考えることが非常に大切です。学部選択の際に、いわゆる偏差値などの外部からの評価だけで選ぶのではなく、学問への興味や将来につなげていくために選ぶことができるようになってほしいのです」と本杉学院長は話されます。

そのために用意されているのが、3年間の学習カリキュラムや様々なプログラムです。カリキュラムは、高1は共通で幅広く学び、高2から緩やかに文系・理系に分かれるコース制をとっていますが、高3までかなりまんべんなく学ぶことができるのが特徴です。

例えば理科は物理・化学・生物・地学をすべて必修としており、数学も文系でも数Ⅲまで学びます。早稲田大には文・理様々な学部があるだけに、生徒の選択肢が広がりやすくなるような構成になっているのです。

いくつもの特色のあるカリキュラムを持つ早大高等学院ですが、なかでも、3年次の「大学準備講座」と「自由選択科目」、必修の「第二外国語」、「総合的な学習の時間」があげられます。

「大学準備講座」と「自由選択科目」は、大学の学部生とともに大学で講義を受けて単位を先取りできる授業や、大学の教員による出張講義などがあり、生徒それぞれが自身の興味・関心をもとに、各1科目を選択します。「第二外国語」はドイツ語、フランス語、ロシア語、中国語の4つの言語から1言語を選択し、全員が3年間、その言語を学びます。

「本校の第二外国語の教員には、その言語に魅せられている人も多く、授業で彼らの姿に感化されて、授業以外にもどんどん自分で勉強を進めていくような生徒がクラスに何人も出てきます。ですから、在学中に検定試験に合格する生徒は各言語でいますし、昨年度は当時高2の生徒が、大学生も差し置

知的探究心を培う取り組み

総合的な学習の時間や、プロジェクト活動（部活動や生徒会活動の枠に当てはまらない課外活動）、学芸発表会など、様々な課題について考え、発表し、批評しあう場が生徒の知的探究心を育みます。

米式蹴球部（アメリカンフットボール部）

ヨット部

プレゼンテーションセミナー

学芸発表会

総合的な学習の時間

環境プロジェクト

高１校外活動

体育祭

学院祭（文化祭）

高２校外活動

学校行事

体育祭、学院祭（文化祭）、音楽祭といった校内行事、１泊２日の校外活動などの校外行事が３年間を通して数多く用意されています。

いて『国際ドイツ語オリンピック』の日本代表になりました」（本杉学院長）

教員の熱意は第二外国語だけに限りません。

各科目で、先生である前にその科目の研究者である、という教員が多く、大学院の修士号、博士号を持っている教員が当然のようにいるそうです。

「私も本校の卒業生で、我々が生徒の時代は、それこそ世界史の時間に1年間かけてフランス革命のことばかり話す、という先生がいたものですが（笑）、そこまで極端でなくても、その分野のおもしろさや問題点などを示したり、それにいまも取り組んでいる後ろ姿を見せることで、学問への興味を喚起することができる教員がそろっています。生徒がその熱意に触れて、『じゃあこの分野をもっと深く学ぶためにこの学部に行こう』というような進路選択ができるというのが理想ですね」（本杉学院長）

大学以降の学びにつながる総合的な学習の時間

高2、高3次の「総合的な学習

必修の第二外国語はドイツ語（写真上）、フランス語、ロシア語、中国語（写真下）のなかから選択し、３年間学びます。

部活動

28の体育部門、24の文化部門の部が、関東大会や全国大会、さらには世界に飛び出して活躍しています。

の時間」は、生徒の様々な分野への知的探究心を育み、培う授業です。本杉学院長は「総合的な学習の時間は、まさしく学習指導要領でも今後取り入れられる『探究の時間』のようなものですが、本校の場合は、盛んに言われるより前から取り組んでいますし、内容的にはより深いものですから、『研究の時間』と言っていいと思います」と説明されます。

早大高等学院の「総合的な学習の時間」では、答えがない、もしくは1つではない問題に挑戦していくことが求められます。高2の間は、①アンケート資料の分析②問題を発見し、仮説を立てる③仮説が正しいか論証④論証の過程をプレゼンテーション⑤共有と議論により問題を決める⑥小論文を作成⑦相互に批評、というプロセスを通して、いわば大学、大学院での研究につながる「作法」をグループで学びます。

高3になると、生徒1人ひとりが卒業論文の執筆へと入っていきます。

高2の11月ごろからテーマを決め始め、同じような分野に興味を持っている生徒同士が、それを指導できる教員のもと、10名程度でグループとなり、大学のゼミ形式で議論を深めながらそれぞれの卒業論文を仕上げていきます。

「1人ではなく、ゼミ形式をとることで、自分の書いたものを客観視したり、周りから批評を受けたり、議論をすることができます。（論文を仕上げることだけでなく）このプロセス自体もきわめて重要視しています」（本杉学院長）

熱意のある教員陣と、こうした多様なカリキュラムから刺激を受け、生徒は自ずと将来や、早稲田大進学後について考えるようになるのでしょう。

1	3	5	7
2	4	6	8

1、2 ハナ高校国際シンポジウム　3 ハナ高校短期交換留学・受入　4 台湾政治大学付属中学校（高校）来訪　5、6 オーストラリア研修（高校）ザビエルカレッジにて　7 日露青年交流センター訪日プログラム・ロシア各地の高校生が来訪　8 日露青年交流センター・モスクワ訪問

多彩な国際交流の場

さらに、早大高等学院の特色として忘れてはならないものに、国際交流の多彩さがあげられます。ドイツ、台湾、韓国、フランス、中国、オーストラリア、ロシア（締結順）の学校・機関と学術交流協定を結んでおり、その交流を活発に行っています。

「例えばロシアのサンクトペテルブルクにある国立第583番中等学校との協定などはかなり珍しいのではないでしょうか。毎年1度そこから生徒や教員が来て交流しますし、昨年からは本校の生徒も派遣しています。昨年の第1期生は、ホームルームで募集の告知があったその日に申し込んできました。そういう生徒が結構いるのが本校なんですよ」と笑いながら話される本杉学院長。

こうした学校・機関との交流により、その気になれば、短期・長期留学を多様な留学先から選ぶことができるというのは、非常に魅力的ではないでしょうか。

ここまで紹介した以外にも、部活動や、自分の興味があることに打ち込める時間が取りやすく、人としての幅を広げるのに最適な環境といえる早稲田大学高等学院。最後に、本杉学院長は読者に向けてこのようにメッセージを送ってくれました。

「最初に『イニシアチブが取れる生徒』を育てたい、と言いました。高校入学、大学入学がゴールではなく、社会に出てから『どんな自分でありたいか』を考えるのはみなさんにとって大切なことです。主体的に、イニシアチブをとって、自分で自分の人生を作る、そのために好きなこと、やりたいことを見つけて、とことん追求してほしいのです。それができる環境が本校にはあります。個性的で多様な仲間がたくさんいるなかで、自分の人生を作っていく第一歩を踏み出してみませんか」

国際交流

様々な国・地域への長期・短期留学、協定校の生徒受け入れ、国際シンポジウムへの参加など、生徒それぞれのニーズに応じた国際交流が経験できるのも特徴です。

■2019年度卒業生 早稲田大学進学状況

学部	学科	進学者数
政治経済学部	政治学科	38
	経済学科	50
	国際政治経済学科	22
法学部		85
文化構想学部		32
文学部		16
教育学部	教育学科教育学専修	3
	教育学科 教育心理学専修	1
	教育学科 初等教育学専攻	1
	国語国文学科	2
教育学部	社会科地理歴史専修	3
	社会科公共市民学専修	2
	理学科生物学専修	4
	数学科	1
	複合文化学科	2
商学部		45
基幹理工学部	学系Ⅰ	2
	学系Ⅱ	20
	学系Ⅲ	25
創造理工学部	建築学科	12
	総合機械工学科	4
	経営システム工学科	16
創造理工学部	社会環境工学科	11
	環境資源工学科	3
先進理工学部	物理学科	1
	応用物理学科	6
	応用化学科	11
	生命医科学科	6
	電気・情報生命工学科	15
社会科学部		30
人間科学部	人間情報科学科	1
スポーツ科学部		3
国際教養学部		6
計		479

公立高校WATCHING

埼玉県立

浦和高等学校

男子校

多くのことに挑戦しながら「真のエリート」になる

Saitama Prefectural Urawa High School

勉強はもちろん、行事や部活動など、様々なことに全力で取り組める環境の埼玉県立浦和高等学校。生徒たちは、「無理難題に挑戦」して成功体験を重ねつつ、世界のどこかを支える人材へと成長していきます。

校訓「尚文昌武」と3つの理念に基づく教育

埼玉県立浦和高等学校（以下、県立浦和）は、１８９５年（明治28年）に埼玉県第一尋常中学校として開設されました。１８９９年（明治32年）に埼玉県第一中学校と改称され、その後の変遷を経て１９４８年（昭和23年）の新学制により現校名になりました。

校訓は「尚文昌武《しょうぶんしょうぶ》（文を尚《たっと》び、武を昌《さか》んにす）」で、文武両道を意味します。さらにこの精神を基に「世界のどこかを支える人材を育てる」「少なくとも三兎を追え」「無理難題に挑戦」という理念を掲げ、日々の教育を行っています。

小島克也校長先生は「私は県立浦和の卒業生です。私が学んでいたころから、『勉強は大事だけれども、勉強だけやっていても世の

小《こ》島《じま》克《かつ》也《や》 校長先生

所在地：埼玉県さいたま市浦和区領家5-3-3
アクセス：JR京浜東北線「北浦和駅」徒歩10分
生徒数：男子のみ1099名
TEL：048-886-3000
URL：http://www.urawa-h.spec.ed.jp/

- 3学期制
- 週5日制（隔週で土曜授業あり）
- 月曜7時限、火曜～金曜6時限、土曜4時限
- 50分授業
- 1学年9クラス
- 1クラス約40名

中のリーダーにはなれない。色々な体験をして、なにごとにも本気を出せるような人間にならなければならない』と言われていました。生徒たちには、将来リーダーとして、世界のどこかを支える人材になってほしいです。

三兎（勉強、行事、部活動）のなかで一番大切なのはもちろん勉強ですが、行事も学校生活の一部ですし、部活動も人間性を高められる大切な活動です。本校は部活動がとても盛んで、生徒たちは自主的に参加し楽しく活動しています。兼部を含めると加入率は100%以上です。しかし、部活動に入らずとも、家でピアノを弾いたり読書をしたり、興味関心のあることに取り組んでいるのであれば、それも立派に三兎を追っていることになると私は思います。

『無理難題に挑戦』というのは、なんでもむちゃくちゃにチャレンジしろというわけではなく、最初のうちは教員が課題を与えていきます。課題は多くて大変ですが、逃げずに立ち向かい乗り越えていく、その成功体験によって自信をつけ、最終的には自らハードルを設定できるようになってほしいということです」と話されます。

入学当初は教員が生徒を導き、徐々に生徒が独り立ちしていく、こうした3年間を県立浦和では、「守《しゅ》（高1）・破《は》（高2）・離《り》（高3）」と表現しています。

高2から設定される2種類の選択科目

カリキュラムは独自の単位制が導入されており、高1で国語・数学・英語の時間が多く設定され、高2、高3では選択科目が多数用意されているのが特徴です。

「選択科目には、『類型選択科目』と『総合選択科目』があります。『類型選択科目』は社会8科目と理科12科目です。本校は高2から文型と理型に分かれるので、文型であれば文系の科目、理型であれば理系の科目を多く選択するという形になります。

一方、『総合選択科目』には、大学受験に対応した科目のほか、幾何学入門、解析学入門といった大学での学びにつながるものや、音楽、美術、陶芸など、受験に関係ない教養を深めるようなものもあり、文型、理型にかかわらず選べます。

選択科目は、少人数で実施することも多いです」（小島校長先生）

多彩な授業を実施 新たに独自教材も作成

では、具体的にどのような授業が行われているか見てみましょう。

例えば、国語では『源氏物語』を読破します。「『源氏物語』は世界各国で翻訳されていて、日本に興味のある方であれば読んでいる人も多いのではないでしょうか。

化学の授業

現代社会の授業

「授業で勝負」をスローガンとする県立浦和。グループワークを行ったり、発表する機会を多く用意したりと、生徒が主体的に参加する授業が特徴です。

体育祭

臨海学校

強歩大会

行事

「泳ぎきれたことは、忘れられない成功体験です」と小島校長先生が話される臨海学校をはじめ、強歩大会やクイズ大会など様々な行事が実施されます。

※1　東京大学大学発教育支援コンソーシアムと埼玉県教育委員会が連携して行っているアクティブラーニングの手法の1つ

※2　Assistant Language Teacher、外国語指導助手

将来、そういう方々と交流する機会もあると思うので、教養として読んでおいてほしいです」と小島校長先生。

ほかにも、公民で裁判所などと連携したり、工芸で電動の工具を使わずに本格的な道具箱を作ったり、協調学習（※1）を取り入れたりと多彩です。

また、英語では、これまでも、日本人の教員とALT（※2）によるチームティーチングの授業で、英語のディベートに取り組むなど、話す力を高めてきましたが、新たに独自のスピーキング教材も作られました。テキストにはテーマに基づいた質問や絵が書かれており、解答例を参考にしながら、自分の言葉で話す訓練をします。

課題研究で論文を執筆 国際交流の場も豊富

「総合的な学習の時間」には、全員が課題研究を行います。高1で論文の書き方を会得し、興味・関心のある学問について論文にまとめます。高2では、教員が開講する講座のなかから好きなものを選び、週に1回ゼミ形式で学びながら、2本の論文を執筆します。

「2018年度（平成30年度）は、前期、後期あわせて約80講座が開かれました。なかには、田んぼにいる生物の様子を調べるというゼミがあり、大学の先生から話を聞くなどしながら研究を進めていました」（小島校長先生）

また、国際交流の場も用意されています。姉妹校であるイギリスのウィットギフト校へは短期研修もしくは長期留学の形で訪れます。

短期研修には高1、高2の希望者を対象とする「一般派遣」と、ある部の部員全員が参加する「部活派遣」があり、隔年で実施されます。「部活派遣」では、例えばラグビー部の場合は、現地で交流試合を行うなど、その部ならではの活動を行います。長期留学は高3の夏から1年間留学するもので、帰国後は県立浦和の卒業資格を得ることができます。ウィットギフト校でさらにもう1年学ぶと、国際的な大学入学資格である国際バカロレ

浦高祭

例年、約1万人が訪れる浦高祭（文化祭）。完成度の高い門や生徒たちのアイディアあふれる企画が来場者を楽しませます。

アを取得することも可能です。

ほかにもアメリカのミシガン大やスタンフォード大でのサマープログラム、デンマークへの派遣などがあります。

「第一志望はゆずらない」仲間とともに頑張る

進路指導における県立浦和の合言葉は「第一志望はゆずらない」です。教員、そして生徒全員がこの思いのもと、大学受験に臨んでおり、そのために多様なプログラムが用意されています。

高1、高2では年2回の実力テスト、高3では年3回、教員が独自に作成する校内模試があります。

全学年で、大学入試に関する情報が載った『進路だより』が配られ、個人面談も定期的に実施されます。

勉強のサポート体制も万全で、例えば数学では「ハイレベル講習」や「朝補習」「受験準備講座」が実施されます。夏休みももちろん各教科で数多くの講座が開かれており、なかには「東大ゼミ」といったものもあります。

「本校の特徴としてあげられるのが、『仲間と頑張る』という意識です。学校生活のなかで仲間とのきずなが生まれ、みんなで頑張ろうという雰囲気ができています。

また、『本物に触れる』ということを大切にしています。卒業生には第一線で活躍している『本物』がたくさんいるので、そうした方々に講演をしてもらっています」（小島校長先生）

こうした多彩な教育プログラムを実施している埼玉県立浦和高等学校。最後に小島校長先生は「幅広く学び、レベルの高い教養、学力を身につけ、行事や部活動にも本気を出して取り組みたいという生徒を待っています。私は生徒に『真のエリート』になれと話しています。『真のエリート』とは、自分が持っている才能を己のためではなく、他者のために使える人です。生徒にはまず、自分が恵まれた人間であることを自覚してほしいです。自由にやりたいことができるのは温かい家庭環境があるからこそです。そして、世の中にはもっとすごい人がたくさんいることを知り、謙虚な気持ちで地道に努力する人間になってほしいです」と話されました。

国際交流

イギリスにあるウィットギフト校と姉妹校提携を結び、相互交流を行っています。

ウィットギフト校との交流

若田光一氏特別講演会

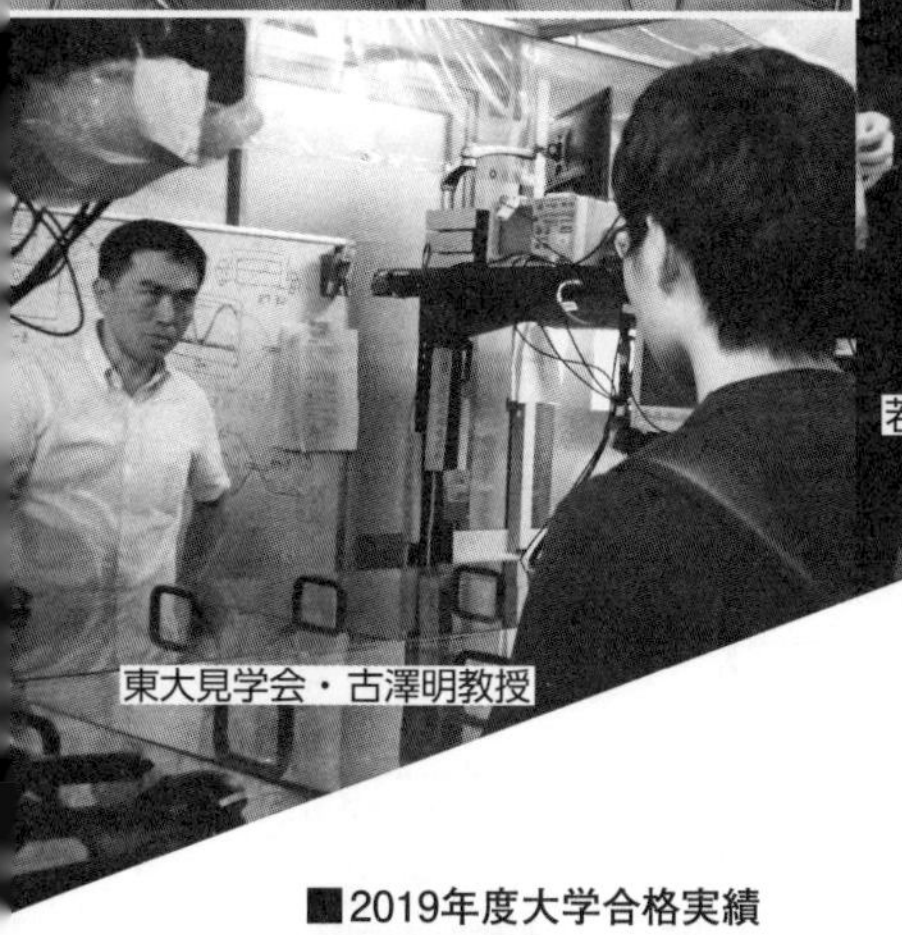

東大見学会・古澤明教授

進路指導プログラム

「本物に触れる」ことを大切にしており、卒業生による講演会や東大見学会などがあります。

■2019年度大学合格実績　（　）内は既卒

大学名	合格者
国公立大学	
東北大	41(21)
筑波大	17(8)
東大	41(22)
東京工大	9(9)
東京学芸大	4(0)
一橋大	17(8)
埼玉大	13(5)
千葉大	14(9)
横浜国立大	12(3)
京都大	18(15)
その他国公立大	80(43)
計	266(143)

大学名	合格者
私立大学	
早稲田大	150(110)
慶応義塾大	83(64)
上智大	9(8)
東京理科大	169(135)
青山学院大	8(5)
中央大	95(91)
法政大	54(51)
明治大	202(167)
立教大	41(34)
学習院大	14(11)
その他私立大	143(120)
計	968(796)

一部画像提供：埼玉県立浦和高等学校

明《めい》治《じ》大《だい》学《がく》付《ふ》属《ぞく》明《めい》治《じ》高等学校

明治大学付属明治高等学校は、明治大学の直系付属校として、整った学習環境のもとで生徒の学力、人間性を育んでいます。

多種多様な学習プログラムで生徒の可能性を大きく広げる

恵まれた明治大学への推薦制度

明治大学付属明治高等学校（以下、明大明治）は、1912年（明治45年）に、旧制明治中学校として明治大学（以下、明大）の校内に開校されました。

その後、学制改革を経て、唯一の明大直系の付属校として男子教育を行ってきました。そして、2008年（平成20年）に東京・調布市に移転するとともに、共学校となり現在にいたります。

初代校長の「第一級の人物たれ」という教えのもと、「創造性や個性を伸ばすことで、21世紀を担う『生きる力』を養う」「知性・感性・体力のバランスのとれた、人間性あふれる人物を育てる」「学校行事や班・部活動等を通じ、『質実剛健』『独立自治』の精神を養う」という教育方針を掲げ、優れた人格の形成を重視しています。

そのために、学習面では基礎学力を重視し、さらに各教科偏りなく学ぶことが重視されています。また、明大唯一の直系付属校であることを活かした明大明治ならではの高大連携プログラムや、豊富な国際交流プログラム、盛んな班・部活動、多種多様な学校行事などを通して、バランスの取れた人格が磨かれていきます。

明大明治の最も大きな特徴は、卒業生の数を上回る推薦枠を活か

Photo　A ヨーク大学3か月研修　B 球技大会　C 応援指導班　D 高校修学旅行　E 模擬法廷　F 紫紺祭（文化祭）

して、例年8～9割の生徒が明大へと進学していることでしょう。

安藏《あんぞう》伸治《しんじ》校長先生は「本校から明大へは、推薦基準を満たした生徒が全員進学でき、さらにほぼ全員が希望の学部に進むことが可能です」と話されます。ただ、推薦基準は大まかにあげると「高1から高3までの全試験の総合計で6割以上」「英検2級取得、TOEIC450点以上の両方」と、決して易しいものではありません。

そのため、「学部の枠を争う必要がなく、それよりも、お互いに励ましあいながら推薦基準を満たせるように頑張ろう」（安藏校長先生）という雰囲気が校内に広がっているといいます。

その一方で、他大学受験をする生徒も毎年2割程度います。そうした生徒が、東大などの国公立大をはじめとした難関大学に合格できるのは、明大への推薦資格を持ったまま他大学（私立は学部によって条件あり）を受験することができるという恵まれた推薦制度と、こうした学内の雰囲気、そして、カリキュラムによるのではないでしょうか。

明大明治のカリキュラムは、高2まで共通で、さらに文系・理系に分かれる高3でも、文系は数学、理系は政治経済が必修と、幅広い学びが意識されています。そのため、結果として国公立大を志望しても対応できる基礎学力が身についていきます。

人として成長できる機会を数多く用意

特徴的な学習プログラムとしては、国際交流や高大連携プログラムがあげられます。

国際交流は複数の英語研修・海外研修プログラムがあり、奨学金などが出るものもあります。

高大連携プログラムは、大学進学のための準備教育となる「高大連携講座」や、実際の明大の講義を受講し、単位が習得できれば大学進学後に認定されるシステム、大学と連携した簿記、裁判傍聴、英語力向上、理科実験などの短期集中講座などが用意されています。

また、6つの班（学校に対する奉仕的な活動を行う団体で、生徒会や吹奏楽班など）、それぞれ16の運動部、文化部がある班・部活動と、文化祭や球技大会、修学旅行など、生徒が実行委員となって企画・運営にかかわる学校行事は、まさに「質実剛健」「独立自治」の気風を育む機会となります。

付属中学からの進学組は、高校で入学してくる新しい仲間たちからの刺激を心待ちにしており、毎年、入学後すぐの球技大会や「東京六大学野球応援」、林間学校を通して、あっという間にその垣根はなくなっていくそうです。

明治大学付属明治高等学校は、大学付属校としての伝統をいしずえとして、他大学受験を含めて、生徒の可能性を大きく広げる機会を用意しています。

スクールインフォメーション

所在地：東京都調布市富士見町4-23-25
アクセス：京王線「調布駅」「飛田給駅」・JR中央線「三鷹駅」・JR南武線「矢野口駅」スクールバス
生徒数：男子418名、女子368名
TEL：042-444-9100
URL：https://www.meiji.ac.jp/ko_chu/

2018年度卒業生　進学先

法学部	17名	経営学部	31名
商学部	58名	情報コミュニケーション学部	15名
政治経済学部	43名	国際日本学部	12名
文学部	10名	総合数理学部	10名
理工学部	30名	他大学	37名
農学部	16名	その他	9名

あの学校の魅力伝えます
スクペディア No. 01

秀明大学
学校教師学部附属
秀明《しゅうめい》八《や》千《ち》代《よ》高等学校

千葉県　八千代市　共学校

所在地：千葉県八千代市桑橋 803　生徒数：男子 782名、女子 438名　TEL：047-450-7001　URL：http://www.shumeiyachiyo.ed.jp/hs
アクセス：東葉高速線「八千代緑が丘駅」・JR 総武線「津田沼駅」・新京成線ほか「新鎌ヶ谷駅」ほかスクールバス 8 路線

秀明大「学校教師学部」が誇る指導力

その時代ごとにフィットした優れた教師を数多く輩出し続けている秀明大の学校教師学部が、その指導力を系列の秀明八千代高等学校（以下、秀明八千代）にも注ぎ、生徒が未来を強く生き抜く力を育てています。

大学との連携が活発で、大学生による学習サポートのほか、大学での特別授業や共同授業研究などで思考力、創造力を引き出しています。

さらに、生徒1人ひとりが持っている資質を尊重したうえで、きめ細かな学習指導でそれぞれの能力を伸ばしてくれるのが特徴です。

その代表的な例が到達度別学習です。生徒それぞれの現状を把握し、学習到達度に応じたクラス編成で授業を展開。より効果的な学力アップが実感できます。

授業は教師からの一方通行ではなく、生徒自身に考えさせることが重要で、夏期・冬期講習、定期テストのほかにも「秀明検定テスト」を実施して「できるまで」を合言葉に根気よく指導をしています。

3週間のイギリス研修で生きた英語力を

また、2020年度の大学入試改革に向けては、秀明八千代独自の「a―PGT」で思考力・記述力を伸ばします。

「a」はactive＝主体的、advance＝前進する、「P」はPractical skills＝実践力、「G」はGlobal skills＝国際力、異文化理解力、「T」はTraditional skills＝伝統を理解し、先人の知恵を活かす力です。

英語教育においては、イギリス人教員と日本人教員が2人1組となって教える独自のシステムで、役立つ英語力を身につけた真の国際人を育成しています。

さらに、1年次には3週間、イギリス英語研修で文化や本場の英語に触れ「聞く・話す・読む・書く」の4技能を実践的に高めることが可能です。研修中の英語指導は語学指導の専門校で10人程度の少人数クラスで行われます。2週間の寮生活ののち、後半はイギリス人家庭にホームステイしながら通学。かけがえのない経験が得られることでしょう。

完全給食制を導入し、主要各駅からスクールバスが運行するなど、きめ細かな配慮も行き届いている秀明八千代高等学校。都会を離れた緑豊かな環境、冷暖房完備の校舎など、整った施設で伸びのびとした学校生活を送ってみませんか。

あの学校の魅力伝えます
スクペディア No.02

駒込《こまごめ》高等学校

東京都　文京区　共学校

所在地：東京都文京区千駄木5-6-25　生徒数：男子649名、女子660名　TEL：03-3828-4141　URL：https://www.komagome.ed.jp/
アクセス：地下鉄南北線「本駒込駅」徒歩5分、地下鉄千代田線「千駄木駅」・都営三田線「白山駅」徒歩7分

最先端の「次世代育成教育」を実践

1682年（天和2年）に設立された「勧学講院」が現在の駒込高等学校（以下、駒込）の始まりとされ、「一隅を照らす、これ即ち国宝なり（自分のおかれた場所で懸命に努力して、自らが輝くことが国宝たる存在になる）」を建学の精神に据えています。

337年の長い歴史と伝統がある駒込ですが、本格的な「IoT（Internet of Things）時代」の到来に向けていち早く教育改革を実践しているのが特徴です。近い未来には大学入試制度の変更、AI（人工知能）が代行する自動化の拡大、グローバル化による世界中の人々の行き来など、大きな変化の渦中にいることは確実です。変化を「不安」ととるか「チャンス」ととるかは自分次第です。どんな波が来ても決して折れることなく自分に自信を持って乗り越えていくことができるよう、駒込では1人1台タブレット端末を持ち、効率よく授業を展開するICT教育、英語4技能を身につけるグローバル教育、そしてすべての土台となる仏教による人間教育の3つが「チャンスに満ちた未来」を切り開く力になります。

また、コースとしては、論理的思考力とプレゼンテーション能力を高め、海外大学への進学も視野に入れた「国際教養コース」、プログラミングで身近な課題を実践的に解決していく※STEM授業を埼玉大学STEM教育研究センターとの共同授業を実施している「理系先進コース」、多様な進路に対応したカリキュラムで、生徒の学力と個性を最大限に高め、国公立・難関私立大学への進学をめざす「特S／Sコース」の3つを設定しています。多彩に自己のライフデザインを描けるように最先端の「次世代育成教育」を実践しています。

駒込独自の細やかな進路指導

進路指導については、生徒との個別面談や保護者対象の説明会を通じて目標を明確にしたうえで、夢の実現に向けたサポートを行っています。志望大学の受験科目に応じて最適な授業を受講できるゼミ・演習授業や、長時間の勉強時間を確保できる勉強合宿、夏期講習会のほか、放課後の特別講習会など様々です。

個別指導にも力を入れており、生徒それぞれの普段の力を知る教員だからこそできる適切な指導、弱点強化がなされています。

※Science（科学）、Technology（技術）、Engineering（工学）、Mathematics（数学）の教育分野を総称する用語

あの学校の魅力伝えます

スクペディア No. 03

女子《じょし》美術《びじゅつ》大学《だいがく》付属《ふぞく》高等学校

東京都　杉並区　女子校

所在地：東京都杉並区和田１-49-８　生徒数：女子のみ630名　TEL：03-5340-4541　URL：http://www.joshibi.ac.jp/fuzoku/
アクセス：地下鉄丸ノ内線「東高円寺駅」徒歩８分

美術を通じて様々な力を育む

「智の美」「芸《わざ》の美」「心の美」を教育理念とする女子美術大学付属高等学校（以下、女子美術大付属）。今年度入学生より、1人1台タブレットを持ち、授業で活用するといったICT教育の充実を図るとともに、カリキュラムを変更したことで、教育内容がさらに魅力的になりました。その特徴を見てみましょう。

7～10時間の美術の授業 数々の特色ある取り組みも

女子美術大付属では、美術の授業が、高1は週7時間（美術史1時間を含む）、高2、高3では10時間設定されています。高2からは絵画コース、デザインコース、工芸・立体コースに分かれて学び、高3では、卒業制作にも取り組みます。

3年間で描画力や造形力を養いつつ、自分の作品について他者に説明することで、プレゼンテーション力も磨いていきます。

作品の説明は日本語だけでなく英語でもできることを目標に、英語の授業でフレーズなどを学ぶ「アート・イングリッシュ」が実施されています。また、1対1で外国人講師とオンラインで会話するオンライン英会話や1クラスを2分割する少人数制授業を取り入れるなど、個々の生徒に合わせて指導し、英語における思考力や表現力を身につけていきます。

美術や英語以外でも、化学ではイラストなどを入れた元素カードを作ったり、地理ではある国の観光大使になったつもりでイラストや画像を使ったレポートを作成し発表を行ったりと、特色ある授業が展開されています。

また、国際理解教育にも力を入れています。フランス語、中国語、イタリア語を学ぶことができ、海外の美術館や美術学校を訪れる美術研修旅行も実施されています。

女子美術大の付属校であり、同じキャンパス内に位置するため、大学教授による授業や研究室ごとの説明会の開催といった、大学と連携した取り組みがあるのも魅力です。

このように美術を柱とした教育を行う学校ですが、美術系以外の進路を希望する生徒にも対応し、大学受験に向けた対策をしっかりと行っています。

美術に関する技術に加え、英語力や表現力、プレゼンテーション力といった社会でも必要とされる力を身につけられる女子美術大学付属高等学校です。

文京区私立中学高等学校

進学相談会

入場無料
予約不要

文化と歴史の香り高い文京区の私立中学・高校19校が〔御茶ノ水〕に集まります。

- **跡見学園** 中学校［女子校］
- **京華** 中学・高校［男子校］
- **淑徳SC** 中等部・高等部［女子校］
- **東邦音楽大学** 附属東邦中学・高校［共学校］
- **日本大学豊山** 中学・高校［男子校］
- **郁文館** 中学・高校［共学校］
- **京華商業** 高校［共学校］
- **昭和第一** 高校［共学校］
- **東洋女子** 高校［女子校］
- **文京学院大学** 女子中学・高校［女子校］
- **郁文館グローバル** 中学・高校［共学校］
- **京華女子** 中学・高校［女子校］
- **貞静学園** 中学・高校［共学校］
- **東洋大学京北** 中学・高校［共学校］
- **村田女子** 高校［女子校］
- **桜蔭** 中学校［女子校］
- **駒込** 中学・高校［共学校］
- **東京音楽大学** 付属高校［共学校］
- **獨協** 中学校［男子校］

2019年6月2日(日) 午前10時～午後4時

御茶ノ水ソラシティ2F
（ソラシティホール イースト）

会場最寄駅

東京メトロ千代田線 新御茶ノ水駅B2出口より直結／東京メトロ丸ノ内線 御茶ノ水駅 出口1より 徒歩4分
JR総武線 御茶ノ水駅 聖橋口より 徒歩1分／都営新宿線 小川町駅B3出口より 徒歩6分

主催 東京私立中高協会第4支部加盟校
後援 東京私立中学高等学校協会

問い合わせ

連合進学相談会
事務局

駒込学園企画広報室 10:00～16:00
☎3828-4366

2019 私立中学・高校 進学相談会

子どもたち一人ひとりがいきいきとした学校生活を送れる70校が集合！

6/15(土) 10:00～18:00 in 松坂屋上野店

松坂屋上野店 本館6F

入場無料
予約不要

参加校

＜東京都＞

- ● 愛国中高
- ● 足立学園中高
- ● 岩倉高
- ● 上野学園中高
- ● 川村中高
- ● 神田女学園中高
- ● 関東第一高
- ● 北豊島中高
- ● 共栄学園中高
- ● 京華中高
- ● 京華商業高
- ● 京華女子中高
- ● 麴町学園女子中高
- ● 駒込中高
- ● 桜丘中高
- ● 品川翔英中高(現小野学園女子)
- ● 十文字中高
- ● 淑徳SC中高
- ● 淑徳巣鴨中高
- ● 順天中高
- ● 潤徳女子高
- ● 昭和第一高
- ● 昭和鉄道高
- ● 駿台学園中高
- ● 正則高
- ● 正則学園高
- ● 星美学園中高
- ● 成立学園中高
- ● 大東文化大第一高
- ● 帝京中高
- ● 東京家政大附属中高
- ● 東京女子学園中高
- ● 東京成徳大中高
- ● 東洋高
- ● 東洋女子高
- ● 東洋大京北中高
- ● 豊島学院高
- ● 二松學舍大附属高
- ● 日本学園中高
- ● 日本工大駒場中高
- ● 日大豊山中高
- ● 日大豊山女子中高
- ● 富士見丘中高
- ● 文京学院女子中高
- ● 豊南高
- ● 武蔵野大千代田高
- ● 村田女子高
- ● 目白研心中高
- ● 八雲学園中高(高校は女子)
- ● 和洋九段女子中

＜千葉県＞

- ● 我孫子二階堂高
- ● 昭和学院中高
- ● 聖徳大附女子中高
- ● 専修大松戸中高
- ● 千葉商大付属高
- ● 中央学院高
- ● 二松學舍大柏中高
- ● 日本体育大学柏高
- ● 日出学園中高
- ● 麗澤中高
- ● 和洋国府台女子中高

＜埼玉県＞

- ● 浦和学院高
- ● 浦和実業学園中高
- ● 浦和麗明高
- ● 大宮開成中高
- ● 春日部共栄中高
- ● 埼玉栄中高
- ● 昌平中高
- ● 獨協埼玉中高
- ● 武南中高

さくらパンダのグッズやティラミスチョコなどがもらえるよ！

※ティラミスチョコはスタンプラリー参加者に差し上げています。
※なくなり次第終了となります。

※●は女子校,●は男子校,●は共学校

● JR「御徒町」駅下車 ● 日比谷線「仲御徒町」駅下車
● 大江戸線「上野御徒町」駅下車 ● 銀座線「上野広小路」駅下車

お問い合わせ先 駒込学園企画広報室 03-3828-4366(直)

その研究が未来を拓く

研究室にズームイン

宇宙と地球のはざまの大気を観測研究する

国立極地研究所
宙空圏研究グループ
助教　江《え》尻《じり》省《みつむ》 先生

中学生のみなさんにはあまりなじみがないかもしれませんが、日本には数多くの研究所・研究室があり、そこではみなさんの知的好奇心を刺激するような様々な研究が行われています。このコーナーではそんな研究所・研究室での取り組みや施設の様子を紹介していきます。第1回は国立極地研究所で宙空圏《ちゅうくうけん》の研究に取り組む江尻省先生の研究と、研究所に併設される南極・北極科学館をご紹介します。

一部写真、資料提供　国立極地研究所

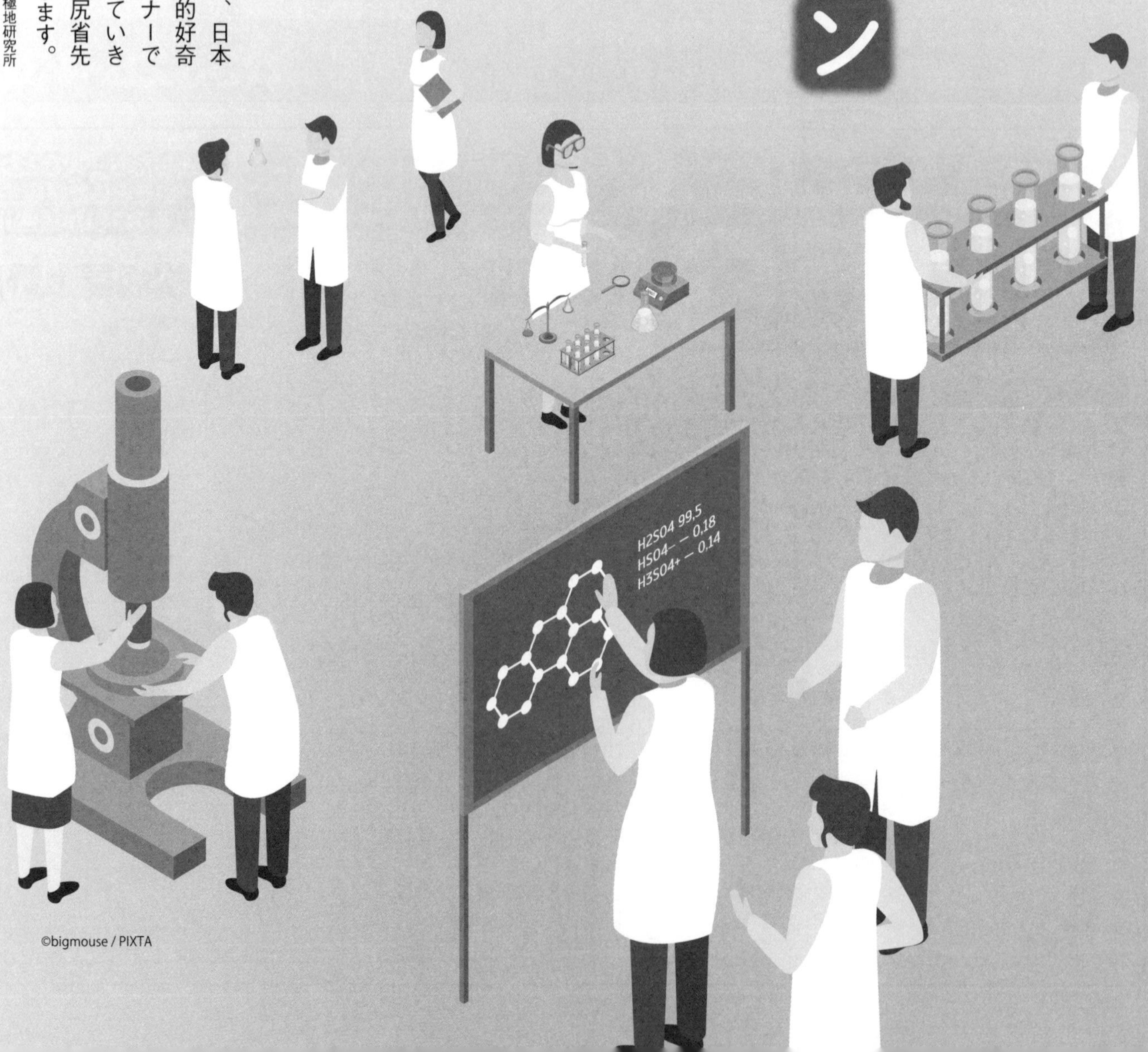

江《え》尻《じり》 省《みつむ》

静岡大学理学部物理学科卒業、名古屋大学大学院理学研究科博士課程修了後、様々な研究機関を経て、2009年より国立極地研究所宙空圏研究グループ助教として勤務

「宙空圏」ってどんなところ？

江尻省先生が勤務する国立極地研究所（以下、極地研）は、「極地の観測と総合的研究を行う」ことを目的とした研究所です。「極地」とは、南極・北極のこと。極地研には左記の5つの研究グループがあり、南極や北極での観測をもとに、様々な分野の研究を行っています。

江尻先生はそのなかの「宙空圏研究グループ」に所属し、自身も第51次南極地域観測隊夏隊（以下、夏隊）、第58次南極地域観測隊越冬隊（以下、越冬隊）で、南極での観測研究を行っていました。今回は江尻先生が取り組む研究や南極でのエピソードを伺うとともに、南極・北極科学館も案内していただきました。

まずは江尻先生に宙空圏の研究とはどんなものかお聞きしました。

「宙空圏研究グループの対象は、高度約10㎞よりも上の領域、成層圏から太陽惑星間空間までの広大な空の範囲です。といっても、天文学のように天体そのものをターゲットにするのではなく、あくまでメインは『地球に影響を与える大気』の研究です。空を見上げると宇宙にある太陽や星が見えますが、その手前でなにが起こっているのか、あまり解明されていないんです。その空間の謎を解明しようと、我々のグループは極地での観測を通して、高度10～100㎞の中層大気や、高度90㎞以上の超高層大気、そこで発生するオーロラなどの研究をしています。

とくに私が専門にしているのは、宇宙と地球のはざまにある大気です。私たちは高度100㎞を境に、それより下は地球、それより上は宇宙としているのですが、100㎞付近は地球（下層大気）からのエネルギーと、宇宙からのエネルギーがせめぎあっている空間なんです。ここにどんなものがあり、どんなことが起こっているのかを、『観測』で明らかにしたいと考えています」（江尻先生）

じつは江尻先生がこの分野の研究に取り組み始めたのは、大学院に入ってから。大学では物理学科に在籍し、おもに実験室での実験を行って

極地研・5つの基礎研究グループ

宙空圏研究グループ
本文参照

気水圏研究グループ
大気、雪氷、海洋など、極地にまつわる気象・環境を研究観測します

地圏研究グループ
南極の岩山や氷床を研究対象とし、地質・鉱物学などの観点から地球変動史を解明します

生物圏研究グループ
極地の海の小さな生物・大きな生物、陸上や湖沼の生物の行動や生態を調査します

極地工学研究グループ
上記4分野が極地で研究観測を行うためのシステム・装置の開発をメインに行います

南極地域観測隊とは？

江尻先生のように観測や研究を専門とする観測部門の隊員と、昭和基地の機械・電気・設備・ゴミ処理・調理・医療・野外観測支援などを担当する設営部門の隊員によって構成されます。1年間滞在する「越冬隊」（約30名）と、約3カ月半滞在する「夏隊」（約70名）があり、現在は第60次越冬隊が滞在中。

日本に持ち帰るための氷を採取する「アイスオペレーション」の様子。持ち帰った氷は、南極・北極科学館での展示や、極地研の各種イベントで触れることができます

南極の昭和基地の近くにやってきた野生のコウテイペンギンを見つめる越冬隊員のみなさん。ペンギンたちは好奇心が強いようで、人の近くまで寄ってくることもあるそうです

いたため、大学院ではなにかを実際に観測する研究に取り組みたいという思いがあったそうです。そこで出会ったのが宙空圏の研究です。

「大学院を色々と探しているときに、『地球と宇宙の境目の見えない空間を観測で明らかにする』研究があると聞いて興味がわきました。オーロラをはじめ、宙空圏の対象領域で見られる現象は、毎回の観測で見られるわけではありません。その『たまにしか見えない』というのも私にとっては魅力的で、宙空圏の研究にはまり、いままで研究を続けてきました」と江尻先生。

特殊な装置による観測で上空の様子を明らかにする

しかし、高度100㎞を観測するといっても、航空機は約10㎞、大気球の地上からの最高到達点は約50㎞なので到底及びません。宇宙ステーションに行くとき一瞬通りすぎるくらいで、ここは滞在することができない空間なのです。そこで用いられているのが、電波や光を使った遠隔観測です。江尻先生はとくに光を専門として、カメラやレーザーを使って観測しています。

まず、カメラは「大気光イメージャ」と呼ばれる大気光を観測するための非常に高感度な撮像装置のことをさします。大気光は上空が大気の化学反応によって光る現象で、肉眼では見えないほど弱い光ですが、大気光イメージャを使えば観測することができます。例えば酸素原子の発光である緑色の光（波長557・7nm）を観測すると、高度約100㎞にある大気の波を撮影することができます。つまり、目では見えない大気の運動を見えるようにする（可視化する）ことができるわけです。大気光を連続撮影して解析すると、どのような構造を持った大気の波が、いつ、どちらの方向へ伝搬していったかを知ることもできます。

もう1つ、ライダーという装置も用いています。ライダーは、光をレーザーとして上空に打ち上げ、大気分子や金属原子にぶつかって地上に戻ってくる散乱光[※1]を大型の望遠鏡で集めて観測することで、大気の温度や金属原子の密度を測定することができます。「上空100㎞付近に金属の原子があるなんて不思議に思うかもしれませんが、この高度にある金属原子は流星が燃え尽きるときに放出されたものだと考えられています。宇宙から飛んでくる流星体[※2]は非常に多くの金属を含んでいるんですが、地球の大気が濃くなり、摩擦が

※1 分子や粒子に衝突し、あちこちに反射される光のこと
※2 流れ星になる物質のこと

江尻先生の研究対象空間を示した図

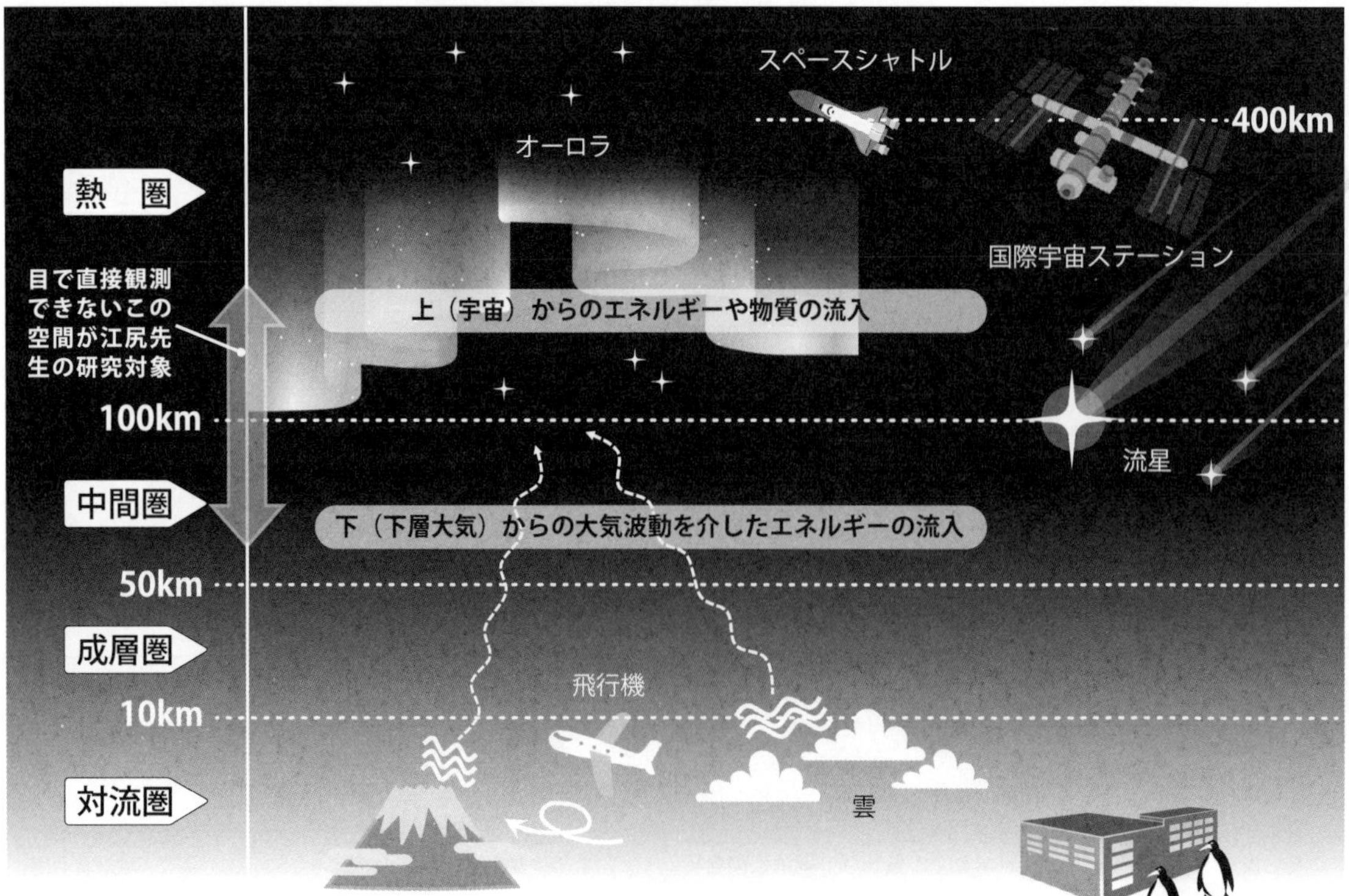

大気光イメージャ

南極に並ぶアクリルの天窓のなかには、大気光やオーロラを観測する装置（大気光イメージャ）などが設置されています

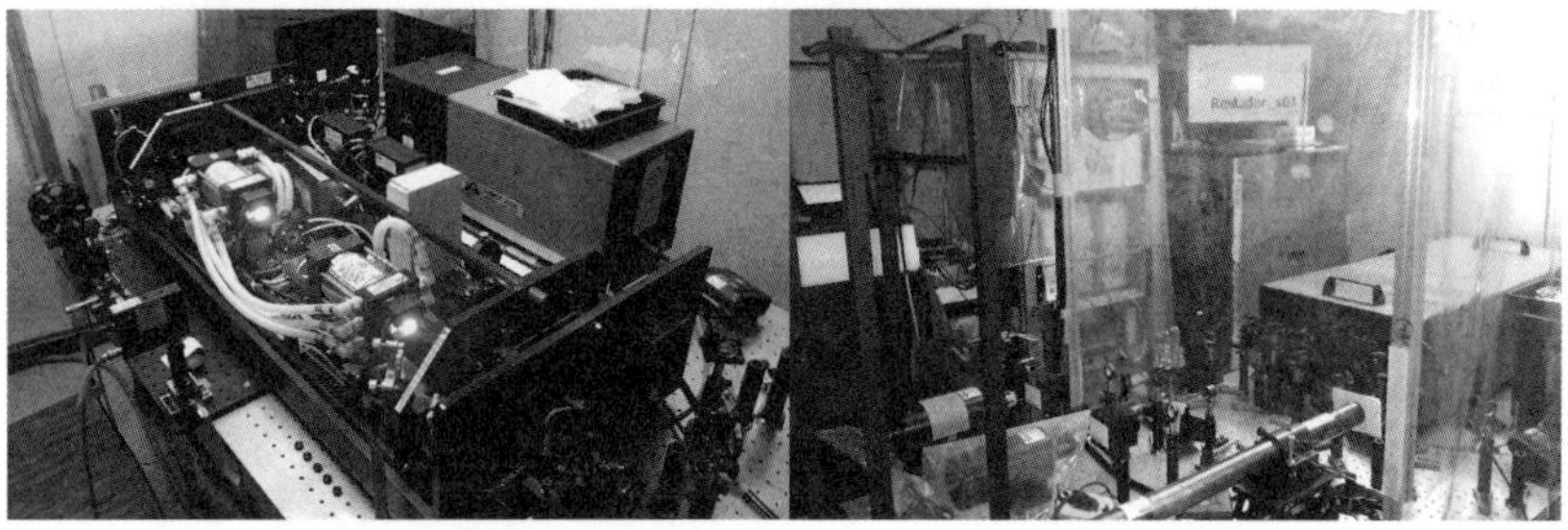

ライダーシステム

レーザーを発するライダーシステムの外観です（右）。なかはこのように複雑な構造になっています

大きくなるところ（高度100㎞付近）で燃え尽きる。そのときに金属原子をばらまくんです」と江尻先生。

　そして、ライダー観測の最大の特徴は、レーザー光が、行って戻ってきた時間を厳密に測定することで、金属原子までの距離（金属原子が上空何㎞のところにあるか）が、正確にわかる点です。金属原子の密度や大気の温度、地上からの距離などを測定し、その領域の大気の様子を分析していきます。

　こうしたカメラやライダーは、既製品を買ってきて観測するのでは、すでにほかの人がやったことをなぞるだけになってしまうため、江尻先生は新しいものの観測をめざし、装置の開発も行っています。

「研究には色々な能力や装置が必要なので、とても1人ではできません。レーザーの扱いが得意な方、光の観測が得意な方、データの解析が得意な方、様々な方と協力しながら観測研究に取り組んでいます。

　この研究の醍醐味は、やはり見えないものが見えるようになる、だれも見たことのないものが見えるというところです。ただ、だれも見たことがないものは、それだけ証明するのが難しく…。ですから観測の結果やそれを発表したときの指摘など、色々なことに1つひとつ誠実に向きあっていくことを大切にしています」と江尻先生は話されます。

昼夜逆転の南極生活 驚きの出会いも!?

　さてここからは、江尻先生の南極での体験談と、南極・北極科学館の模様をお伝えします。

夏隊での活動

越冬観測で使う装置を搬入する様子

江尻先生も取り組んだアンテナ保守作業。細い棒のようなものがアンテナのエレメント※3で、南極はとても風が強いため折れてしまうことも多いそうです

※3 素子。アンテナの一部で、素子が多いほどアンテナの感度がよくなる

南極・北極科学館

極地研に併設されている科学館で、
南極や北極での観測・研究に関する展示が充実しています。
江尻先生の解説とともに、その見どころをご紹介します。

南極で見つかった隕石

「南極には宇宙から降ってくる隕石が大量に発見される場所があります。そうした隕石を採取して研究するグループのほかに、元々の南極大陸の様子を知るために、岩石からサンプルをとる方法を用いて研究するグループもありますね。これらの研究は地圏研究グループの専門分野です」

アイスコア掘削機《くっさくき》

「南極の氷は雪が積もって押し固められている状態なので、氷には過去の大気の情報がつまっています。それを調べるために掘削機を使い、アイスコアと呼ばれる円柱状の氷を掘り出していきます。約3000m掘り起こせるので、富士山（3776m）くらいの高さ（深さ）を掘れるとイメージしてください。アイスコアの研究は、気水圏研究グループの雪氷部門の方々が専門にしています」

隊員が寝泊まりする個室

「サイズも作りもこのままで、現地ではこの部屋が1人1部屋ずつ割り当てられます。展示中のものは違いますが、現地ではベッドのマットが畳になっていて、その上に保温シートをひいて温かくして寝ていました。畳があるとやっぱり落ち着きますね」

極地に生息する魚やペンギン

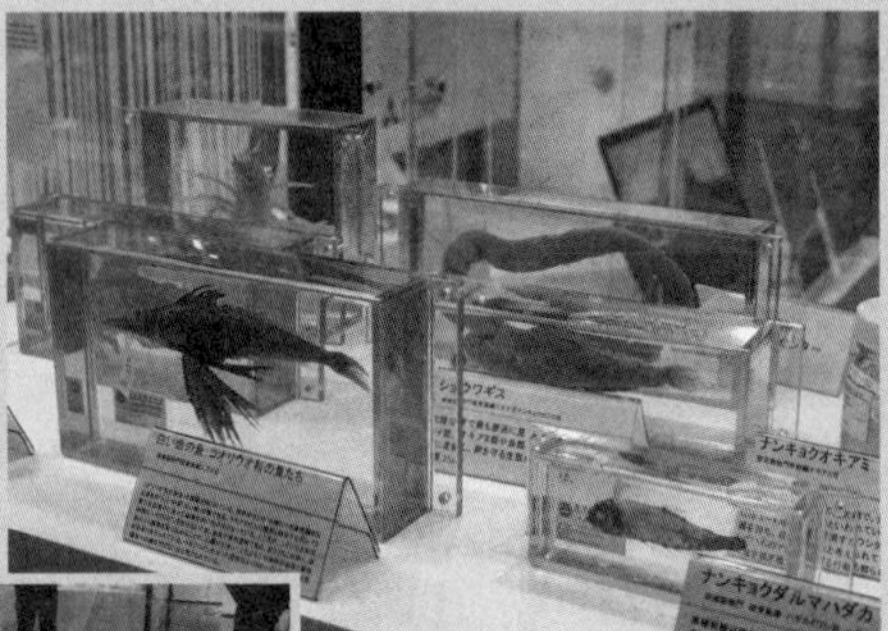

「南極の海にはめずらしい魚がたくさんいますし、野生のペンギンやアザラシなどが私たちの近くまで来ることもあります。アザラシは海のなかよりも氷の上の方が外敵がいなくて安全なので、リラックスしてほぼ寝ています」

夏隊が滞在するのは、12月末から2月中旬、ちょうど南極が白夜で日が沈まない期間です。江尻先生の観測はあたりが暗くならないとできないため、夏隊では、その後の越冬隊で使う観測装置を設置する小屋の改造をメインに行ったのだそうです。

また、観測隊の人数は限られているため、自分の研究以外にも、色々な仕事を請け負いながら南極生活を送ります。江尻先生も夏隊では、電波を使った観測レーダーのアンテナの保守作業をよく手伝っていたといいます。

「越冬隊では、持ち込んだレーザーの組み立てから始めたのですが、レーザーの専門家ではないのでとても苦戦しました。出発前から念入りに準備をして、現地でも1カ月かけて組み立て、完成してからは、夜に観測、昼間に睡眠という昼夜逆転生活が始まりました。

でも、調理隊員が作ってくれるご飯がすごくおいしいので、夜だけではなくお昼も食べたくて…。夜が長い時期には、朝8時ごろまで観測、片づけて部屋に戻り10時から2時間仮眠、12時に昼食をとってまた2時間仮眠、14時から装置の立ち上げ…というハードスケジュールでした。

といっても毎日ではなく、天気が

「南極にある昭和基地と東京は、じつは1万4000kmも離れているんです。南極・北極科学館にはある意味宇宙よりも遠いといえる南極のことを知ることができる展示がたくさんあるので、ぜひ来てみてくださいね」（江尻先生）

国立極地研究所
南極・北極科学館

住　所：東京都立川市緑町10-3
TEL：042-512-0910
アクセス：多摩モノレール「高松駅」徒歩10分
URL：https://www.nipr.ac.jp/science-museum/
開館時間：10:00〜17:00（最終入館16:30）
休館日：日曜・月曜・祝日・年末年始・その他特別休館日
入館料：無料

悪く観測できない日は、休んだり、ほかの研究の手伝いをしたりしていました。生物専門の隊員のアザラシの調査に同行したときには、推定400kgの巨大アザラシを捕獲して、生態観測用のデータロガー※4を回収する作業を手伝ったのですが、とんでもない大きさにびっくりしました。

あと、私が参加した第58次越冬隊は、33人中6人が女性で、これは日本の観測隊史上最大の人数かつ最大の割合だったんです。女性隊員の増加に伴って、58次から女性エリアが広くなり、それまで1つだったトイレ、洗面台などが2つになって、かなり使いやすくなったのは嬉しかったですね」（江尻先生）

興味の対象を狭めないでほしい

最後まで自身の研究や南極での体験について楽しそうに話してくれた江尻先生に、今後の展望とみなさんへのメッセージを伺いました。

「ライダーの観測が気に入っているので続けていきたいのですが、観測中、人がずっとついていなければならないので、結構大変なんです。いまは色々なものが自動化されているので、人がいなくても安定して観測を続けられるような装置がほしいと思っています。

そうすれば、もっと行きにくい場所での観測も可能になりますし、将来的に小型化、安定化すれば宇宙に飛ばして、宇宙から地球の大気を測定することもできるようになります。より使いやすい装置を開発し、観測できる領域をどんどん広げていきたいです。

そしてみなさんには、『興味の対象を狭めない』ことを大切にしてほしいです。色々なことに興味を持っている方が、自分の世界が広がりますから。

それは、多様な人とかかわるうえでも役立ちます。例えば越冬隊は、私たち研究者とはバックグラウンドが大きく異なる設営隊（49ページ参照）の方が多いのですが、色々な話題を持っていれば、それだけコミュニケーションがとりやすくなります。周りの人が興味・関心を持つことにも無関心にならずに、視野を広げていってほしいです」（江尻先生）

体験コーナー

鉱物を偏光顕微鏡で観察、南極観測隊が実際に来ているユニフォームや長靴を試着、49ページで紹介したアイスオペレーションで採取した氷に触れるコーナーもあります。
「降り積もった雪が押し固められて氷になるときに空気もいっしょに固まるので、南極の氷は溶けるときにパチパチと音がします。南極大陸上で雪にカルピスをかけて食べたらとてもおいしくて感動しました！」
※注：南極・北極科学館展示の氷は食べられません

※4 アザラシやペンギンが泳ぐ速度や潜る深さなどを計測してデータを記録する装置

中学生の未来のために！
大学入試ここがポイント

高校受験の舞台にあがる前に、その先の「大学のこと」を知っておくのは、
とても重要なことです。とくにいま、大学のあり方と並んで、
大学入試のあり方が問われ、毎月のように新たな施策がニュースとなっています。
３年はアッという間です。そのとき迎える大学入試の姿を、いまのうちから、
少しでもいいのでとらえておきましょう。

4万人近くが泣いた私立大学の入試

NEWS 1

定員厳格化で合格者激減 浪人が増えさらに厳しさ

みなさんは知っていますか。大都市圏の私立大学への進学が、とても難しくなっていることを。

まだこの春の集計は出ていませんので、２０１８年度大学入試の結果で見てみると、首都圏と関西圏、合わせて上位私立17大学で、4年前の２０１５年度大学入試より、じつに約3万８０００人も合格者が減り、多くの受験生がその結果に泣いています。

これは文部科学省が入学定員の管理体制を厳格化したことが発端で、背景には政府の地方振興策があり、文科省は２０１６年度入試から大都市圏の大学が定員を超えて合格者を出すのを厳しくチェックし始めたのです。

文科省は一応10年間続けるといっていますから、いま、中学生の君たちの大学入試でも、私立大学入試の厳しさは継続されます。

また、これまでなら合格していた受験生が積み残され、翌年、さらに翌々年にまわる、つまり浪人生が増えています。２０１５年度に比べ５０００人以上増えているという数字もあります。このことがまた、大学入試の厳しさをさらに増すことにつながっています。

これほど厳しくなっている大学入試という関門は、みなさんの高校選びにも大きな影響を与えます。いま中学生の君は、これからの高校選びが重要になってきます。

これからの高校選びは、先に「行きたい大学」を考えて選び、その大学に進むのに有利になる高校進学とその道を探り、選び取っていく。そんな思考が必要になってくるのです。

大学に進むには英語が必須な時代に

NEWS 2

大学入学共通テストでは英語の4技能が試される

みなさんもニュースでご存じと思いますが、大学入試が2021年1月に行われる試験で大きな変革のときを迎えます。現行の大学入試センター試験は、大学入学共通テストと名を変え、国語と数学では記述式問題が加わります。「知識を覚えたか」だけでなく、「思考力」「判断力」「表現力」が問われるようになるのです。

とくに変化が大きいのが英語入試で、これまでの「読む」「聞く」だけでなく、「書く」「話す」までの4技能を測るテストになります。

この英語については、民間の資格・検定試験も利用するとされています。これまで以上に厳しいテストになるのは必然ですが、考えようによっては楽もできるかもしれません。つまり、外部の検定試験で早めに英語をクリアしてしまえば、あとの時間はほかの科目に集中して使うことができるのです。

文科省は日本人の英語が学校教育のなかで身についてこない現状を抜け出そうと、様々な改革を行っています。2020年度からは小学校で英語の授業が始まります。

中学3年生のみなさんのなかには、この4月、全国学力テストを受けた人もいるでしょう。そこでは、スピーキングテストを含む英語も初めて実施されました。文科省の意気込みが感じられます。

高校入試も、大学入試の影響をどうしても受けます。例えば、東京都立高校では、2021年度の入試から英語にスピーキングテストを導入します。高校のみならず大学に進むには、英語の技能が必須の時代が来ています。

キャシーのワクワク東大ライフ vol.1

text by
キャシー

先輩からの猛攻撃!?
新歓イベントがすごい!

こんにちは、キャシーです。今月からコラムタイトルが変わり、装いも新たになりました。下段では新しいコーナーも始まるので、ぜひ読んでくださいね。

さて、1年生のみなさん、部活動は決めましたか? きっと色々な部の仮入部に参加して選んだのでは? 2、3年生のみなさんは、後輩が何人入ってきてくれるかドキドキしていたのでは? じつはこの時期、東大生もまったく同じ気持ちで過ごしていたんです。ということで今回は、東大の「新入生歓迎活動」略して「新歓」についてお話しします。

東大には３００を超える部活動やサークルがあり、それらが新入生を取りあうため、新歓はとにかく盛り上がります。大半の団体は大学公認の新歓イベント「テント列」と「サークルオリエンテーション」が行われる3月末から5月上旬くらいまでを新歓期としています。とりわけ熱心な団体は、なんと受験生へのティッシュ配りから新歓の種まきを始めたりもしています。

まずテント列は、各団体が駒場キャンパス内の銀杏《いちょう》並木沿いにズ

東大生に聞いてみた

新領域創成科学研究科
メディカル情報生命専攻卒
Tさん

生物情報学の研究から ITエンジニアの道へ

大学に色々な学部があることは知っていても、なにが学べ、それが将来にどうつながるのか知る機会はなかなかないものです。そこで、大学生活をもっと身近に感じてもらえるよう、今回からこのコーナーで、個性豊かな東大の先輩のエピソードを紹介していきます!

記念すべき1回目に登場するのは、この春、東大大学院「新領域創成科学研究科メディカル情報生命専攻」を卒業したTさんです。東大を含む国立大では、理系の学生は大学院に進学することが多く、Tさんもその1人でした。

Tさんの専門は、コンピュータを使って、生物から得られる情報（遺伝子など）を解析する「生物情報学」という分野。「キタゾウアザラシ」という海洋生物に記録計を取りつけ、そのデータを元に行動を解析する研究を行っていました。研究は国立極地研究所※の方と連携して行っていたようで、そうして外部の研究機関とつながりが持てることも、東大で研究する魅力の1つなのではないかと思います。

そもそも陸上生物とかなり異なる環境に生息

※48ページ参照

ラーッとテントをかまえており、そこに1年生を引き入れて、その団体の説明を行うというイベントです。

諸手続きを終えて外に出てきた新入生を自分たちのテントに引き入れようと先輩が道をふさぐ勢いはすさまじく、なかば強引に引き入れようとする団体もあります。私の所属する水泳部も昨年度は「人間は60％以上水だから君も泳ごう！」などとわけのわからないことを言いながら新入生をテントに呼び込んでいました。

運悪く多くの団体につかまってしまうと、なかなか抜け出すことができず、私も1年生のときは抜けるのに4時間かかりました。ただ、人生で一番モテた数時間だったと思うので、大変ではありますが、一生の思い出になること間違いなしです。

自分のペースで回れるイベントも

対してサークルオリエンテーションは、新入生の意思で回ることができるイベントです。文化祭で教室を回るような要領で、各団体に割り当てられた教室を回り、興味のある団体から話を聞くことができます。音楽系サークルは演奏会、アート系サークルは製作物の展示をしていることもあるので、私たち上級生だって歩き回って楽しめるのも魅力です。

そして、この2大イベント終了後には体験参加の時期が設けられています。なかなかできないスポーツやアクティビティーに無料で挑戦できるチャンスなので、私も水泳部に入ると決めていたにもかかわらず、ヨットに乗ったり、フラメンコを踊ったり、クイズ対決をしたり、本当に色々な体験をしました。

これから始まる新しい1年。どんな部活動に入ったとしても、自分が魅力に感じたのだから、きっと楽しめる要素がつまっていると思います。実りの多い1年にできるよう、「新歓」された側も「新歓」した側も、頑張ってください！

する海洋生物を研究するのは非常に難しく、海洋生態系は未知な部分が多い研究分野です。Tさんが研究を通して発見したことは、食料資源の確保や生物の多様性保護につながっていくかもしれない、とキラキラした顔で説明してくれました。陸上の約３００倍の体積を持つ海は、もしかしたら陸上の３００倍の可能性を秘めているのかもしれません。

さて、こうした分野の研究をしていた学生は、卒業後、海洋系の研究所へ進んだり、遺伝子の研究に取り組んだりすることが多いようです。しかし、Tさんは一般企業に就職し、ＩＴ系のエンジニアとして、製造業（工場など）で、現在人間が行っている仕事を機械に置き換えるためのソフトウェアを作ります。

どうしてそんな大きな方向転換を図ったのか聞くと、「データの解析という自分の強みを活かしつつ、この業界でぼくは日本の社会で重要な役割を担う製造業における人手不足の改善に貢献したいんだ」と、熱く語ってくれたTさんの話を聞き、大学での勉強が必ずしも直接就職と結びつくわけではないことを知りました。

大学では色々なことに挑戦する機会を手に入れられます。そのなかで自分になにが向いているのか、手探りで見つけていくことが大切です。中学生だってそれは同じ。いま経験したことが、意外と将来の選択にかかわってくるかもしれません。1つひとつの出来事に一期一会の気持ちで向きあっていきたいですね！

東大入試突破への現代文の習慣

東大入試を突破するためには特別な学習が必要？　そんなことはありません。身近な言葉を正しく理解し、その言葉をきっかけに考えを深めていくことが大切です。田中先生が、少しオトナの四字熟語・言い回しをわかりやすく解説します。

早稲田アカデミー教務企画顧問

田中としかね

東京大学文学部卒業
東京大学大学院人文科学研究科修士課程修了
専攻：教育社会学
著書に『中学入試 日本の歴史』『東大脳さんすうドリル』など多数。文京区議会議員として、文教委員長・議会運営委員長・建設委員長を歴任。

田中先生の「今月のひと言」

「共感」が生徒の意欲をかきたてます。オトナから、妥協点を見出しましょう！

今月のオトナの四字熟語

馬耳東風

「昨日、息子の定期テストが返却され、相変わらずのさえない結果でした……」から始まり、お母様のご相談は、各科目のテスト内容の詳細にわたる具体的なものでした。「正答率が90％近い問1の（1）からミスを連発しています。解答と照らし合わせてみると、倍になったものや、2分の1になったものが見受けられ、どこかで処理を間違えているようです……」と、微に入り細をうがった報告が続きます。そして「素人目にも課題は明らかなのですが、最大の問題点は……」と、お母様の総括です。「親をふくめ、大人の言うことを聞かないこと。口ごたえばかりで、手を動かして勉強をしないこと。この2点につきると思います」。ご自身が現役の記者としてご活躍中のお母様でいらっしゃいます。お子様の現状分析も感情を抑えた、極めて客観的なものです。「長々と失礼いたしました。本人には、手助けや助言はいくらでもするけれど、勉強するのはあくまでも君なんだから、と話しているのですが……」と。お母様の気持ちは痛いほどわかります。何を言っても聞く耳を持ってくれない。まさに「馬《ば》耳《じ》東《とう》風《ふう》」という体たらく……。「人の意見や批評を全く気にかけないで聞き流すこと」。今月取り上げました四字熟語、馬耳東風の意味になります。

お母様の意見が「真っ当」であればあるほど、当のお子様にはその言葉が

届かなくなってしまう。どうしてそんな事態が引き起こされてしまうのでしょうか？　それは、よく言われるように「馬を川まで引っ張っていくのは簡単だが、そこで水を飲ませるのは難しい」ということでもあります。本人がその気にならない限り、物事は何も始まらないのです。「勉強に集中して取り組むつもりのない者を、その気にさせるのは、大変難しい」と、先に結論を告げてしまうとこうなります。お母様もご指摘の通り「勉強するのはあくまでも本人」なのですからね。

　しかしながら、ここで気付かなくてはならない重要な点があります。それは、我々「親御さんサイド」の人間から見て「何て困った生徒なんだろう！」と思えたとしても、現実問題として、当の本人が決して困っているわけではない！　ということなのです。ですからいくら「勉強しないと大変なことになってしまうよ！」と説明したところで、「そうなるかもしれないね」というように、「可能性があるに過ぎない」というかたちで聞き流されてしまうのです。まさに馬耳東風の真骨頂です。では一体どうすればいいのでしょうか？

　こう考えてあげてください。本当にこの「困った生徒たち」は、勉強したくない！　と固く決心しているのでしょうか？　違うのです。口ではなんと言おうとも、「まじめに勉強に取り組んだほうが本当は良いのだろう」という意識は彼らに備わっているのです。小学生の頃から、その価値観に基づいて生活してきたのですから。反発するにしても、そのことは理解しているはずです。お母様、信じてあげてください。

「それでは、どうして実行に移してくれないのでしょうか？」と、お母様の悩みは深まりますよね。実行を妨げるさまざまな要因が、思春期の中学生には存在するのですよ。まずは「面倒くささ」。いつかやるから今やらなくてもいいだろうという理屈です。そして、あれこれ自分のことをうるさく言われる「うっとうしさ」。気難しい年頃ですからね。また、勉強以外にやらなくてはならないことがあると主張する「忙しさ」もあります！　本人にとっては、ですからね。怒らないでくださいませ。ですから、それを無理やり打ち破るがごとく「言い訳しないで勉強しなさい！（怒）」と突っ込んでいったとしても、間違いなく生徒たちははね返してしまいますよ。では、どうすればよいのか？

　全く逆を心掛けるようにしてください。

　「勉強することは、面倒くさくも、うっとうしくもないんだよ。忙しい時間を削られることもないからね！」と、＜北風＞ではなく＜太陽＞のアプローチをすることなのです。「そんな甘いことを……」と言わないでくださいね。相手は「勉強するつもりのない」強者《つわもの》なのですから（笑）。とにかくほんの少しでも「勉強する」という気持ちを点火させることが、何よりも重要になります。その後は「続ける」ためのモチベーションです。「なぜ自分は勉強するのか？」という理由。「何のために勉強するのか？」という目的です。この点をあまり難しく考えないでください。要は「〇〇をしたい！」「〇〇になりたい！」といった希望なのですから。くじけそうになっても心の支えとなり、力をふりしぼって勉強を続けられるように。目の前にぶら下がったニンジンを用意するのです。その内容は、俗っぽければ俗っぽいほど、他愛なければ他愛ないほど、効果があります。そして、ここにこそ家族の関わるポイントがあるのです。その生徒が勉強しようとしまいと、世間の誰が気に掛けるでしょう？　家族だけですよ！　定期テストの点数に一喜一憂してくれるのは。「国語の点数が、何も勉強しなくても、ちょっと上がった」なんていうのは絶好のチャンスです。ここで「すごい！」と言えるかどうか。馬と一緒に偶然川にさしかかった好機をご家族はどうぞお見逃しなく。家族からの「尊敬の眼差し」を、生徒は待ちわびているということを、ぜひ忘れないでいてくださいませ、お母様。わが子に対して、冷静で客観的であろうとするあまり、感情を封印していらっしゃいませんか？

　その理性の力は賞賛に値しますが、お子様の受けとめ方は「違う」と思います。認めてほしい、共感してほしい、というのが本音です。馬耳東風はその裏返しなのですよ。

今月のオトナの言い回し

苦虫を噛み潰したよう

「ひどく不愉快そうな顔つきや、苦々しい顔をする様子」を意味する言い回しですね。「苦虫」という虫が実在するわけではなく、「噛んだらさぞかし苦い味がするだろう、と思われる想像上の虫」ということになります。この言い回しを聞くと、私は必ず思い出す絵があります。実在の絵ですよ。それは「徳川家康三方ヶ原戦役画像」、通称「顰像《しかみ》」と呼ばれている有名なものです。徳川家康の生涯で最大の敗北を喫したといわれている「三方ヶ原《みかたがはら》の戦い」をご存知でしょうか？　この戦いで、家康が布《し》いたのは「鶴翼《かくよく》の陣」です。会戦の際の陣形のひとつで、自軍の部隊を、敵に対峙して左右に長く広げた隊形に配置する陣形をいいます。単に横一線に並ぶのではなく、左右が敵方向にせりだした形をとるため、ちょうど鶴が翼を広げたような三日月形に見えることから、この名がついたと言われています。対するは「魚鱗《ぎょりん》の陣」で待ち構える武田信玄。勇んで飛び出した徳川軍でしたが、完膚なきまでに打ちのめされ、ほうほうの態《てい》で逃げ帰ることを余儀なくされました。浜松城に戻った家康は、苦渋の表情の肖像画を描かせ、これが現在残されている「顰像」だといわれています。血気にはやって武田軍の誘いに乗り、多くの将兵を失った自分に対する戒めとして描かせたという逸話が残っています。

　なぜまたこんな話を持ち出したのか？　先ほどの「馬耳東風」の続きでもあります。理想をずらりと並べた「鶴翼の陣」を布いては、「三方ヶ原」の家康のように全軍総崩れで敗走する……大人になる過程で、幾度となく苦い思いをかみ締めてきたはずです。だからこそ、保護者の皆さんはご存知でしょう。多種多様な義務を果たさなければならないオトナの世界では、合格点というのは100点満点のことではないということを。「7割でも十分通じる」という妥協は、「ゼロで終わってしまう」という結果よりも優先されるということを。しかしながら、いざ「我が子」のこととなると……「鶴翼の陣」を無理強いしていないでしょうか？　お子様との「共感」を見出すのは、いわば妥協点を探ることでもあります。これはオトナにしかできない態度なのですからね！

徳川家康
三方ヶ原戦役画像

参加校 30校 （50音順）

穎明館 中学校 高等学校
NHK学園高等学校
桜美林 中学校 高等学校
大妻多摩中学校
共立女子第二 中学校 高等学校
錦城高等学校
国立音楽大学附属 中学校 高等学校
啓明学園 中学校 高等学校
工学院大学附属 中学校 高等学校
駒沢学園女子 中学校 高等学校
サレジオ中学校
昭和第一学園高等学校
白梅学園 清修中高一貫部 高等学校
聖パウロ学園高等学校
創　価 中学校 高等学校
拓殖大学第一高等学校
立川女子高等学校
多摩大学附属聖ヶ丘 中学校 高等学校
帝京大学 中学校 高等学校
帝京八王子 中学校 高等学校
東海大学菅生 高等学校 中等部
東京純心女子 中学校 高等学校
桐　朋 中学校 高等学校
日本体育大学桜華 中学校 高等学校
八王子学園八王子 中学校 高等学校
八王子実践 中学校 高等学校
明治学院 中学校 東村山高等学校
明治大学付属中野八王子 中学校 高等学校
明　星 中学校 高等学校
明　法 中学校 高等学校

東京私立中高第11支部

合同相談会

私学30校参加
予約不要
資料の配布あり
各校の担当者と個別相談
（校風、入試、進学、部活動…）

2019
5/26日
10：00～16：00

京王プラザホテル八王子　5階
（JR八王子駅徒歩1分・京王八王子駅徒歩3分）

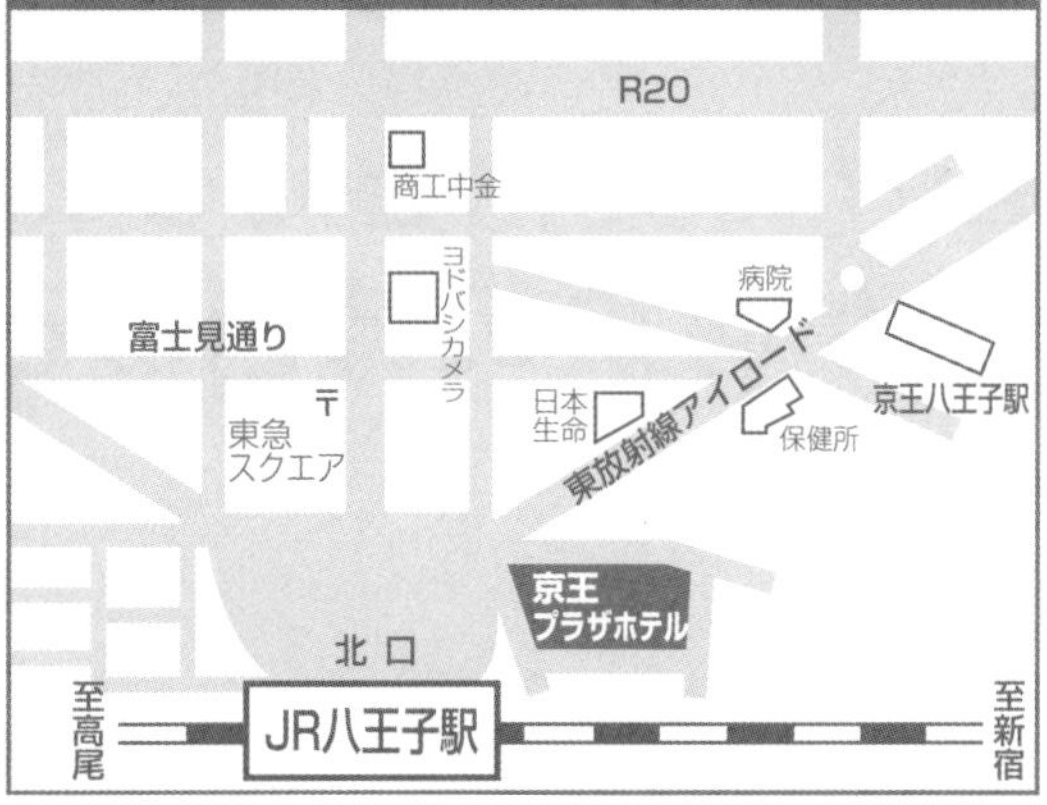

私学の魅力
わかります

主催
東京私立中学高等学校協会
第11支部

後援
東京私立中学高等学校協会

問い合わせ先　042（350）7123
（駒沢学園女子中学・高等学校）

キャンパスデイズ 十人十色

法政大学

国際文化学部4年
国際文化学科

木森《きもり》 苑香《そのか》さん

世界の国々の文化を知ることができる 留学が必須の特色ある学部

Q 学部の特色を教えてください。

国際文化学部はその名の通り、様々な国の「文化」を学ぶことを主眼においていて、文化に関する多彩な講義が開講されています。学生も個性豊かな子が多く、みんな自分を持っている感じです。

また、英語の学習にも力を入れていますし、文化は多様なメディアを通して発信されること、文化と情報伝達には密接なかかわりがある点などから、情報関連の必修講義がいくつかあるのも特徴だと思います。

2年生からは情報文化コース、表象文化コース、言語文化コース、国際社会コースのなかから好きなコースを選ぶシステムで、私は国際社会コースに所属しています。

Q どんな講義を受けていますか？

1年生のころは、英語週3コマ、第二外国語（中国語）週2コマが必修でした。とくに中国語は先生の教え方が丁寧で優しかったこともあり、2年生と3年生の前期でも履修するほどお気に入りでした。両親が中国人（本人は日本で生まれ育っているので日本語ペラペラ）という友だちがいたので、彼女にも助けてもらいつつ楽しく学んでいました。

世界の万博について学ぶ「他者イメージ論」という講義も印象に残っています。受講前は万博に関する知識はほとんどありませんでしたが、当時の映像をふまえて万博の歴史、概要などを学べて勉強になりました。いまでは一種のお祭りのようなイメージのある万博ですが、昔の万博は「人間を展示物として扱う」差別的な展示があったことを知って、結構ショックでしたね。

また、映画を観て内容を分析するような芸術関連の講義も多く開講されています。私も昔のミュージカル映画を観てミュージカル映画の歴史

を学ぶ講義を受けたり、「国家と民族」という講義ではアメリカ先住民に関する映画を見たりしました。

Q 苦手だった講義はありますか？

「国際文化協力」です。講義を通して1つの論文を完成させるために毎週少しずつ課題を書き進めていくのですが、書いてきたものはその場で作った4〜5人のグループでフィードバックをしあうんです。

初対面の人と意見を交わすこと、ましてや履修当時私は2年生で、周りは3・4年生ばかりだったので、先輩相手に意見を言うのはなかなか勇気が必要で…。講義を通して仲良くなれた先輩ができたことは嬉しかったですが、大変な講義でした。

留学中の旅行がいい思い出に

Q 国際文化学部は留学がカリキュラムに組み込まれているそうですね。

「Study Abroad」というプログラムで、各々好きな国で留学を体験します。私はカナダで3カ月半、ホームステイしながらブロック大へ通いました。法政大生も何人か同じ学校に通っていたので、その子たちといっしょに、リーディングウィークという1週間の休みに、ニューヨークに行ったのが一番の思い出です。一軒家を借りて、みんなでそこに寝泊まりしながら料理をしたり、観光したり、とても楽しかったです。

もちろん留学後は語学力も伸びました。とくにリスニングの力がすごく伸びたと感じます。ＴＯＥＩＣのスコアも約１００点上がりました。

Q 今後の目標を教えてください。

大学生になってから始めたカフェのアルバイトを通して、接客の楽しさを知ったので、「ドレスコーディネーター」として働きたいと思っています。結婚式での新郎・新婦のドレスをコーディネートする仕事で、元々好きだった服に携わりつつ、お客様と深くかかわれる仕事なので、なれるように頑張りたいです。

Q 最後に、読者へのメッセージをお願いします。

個人的な意見ですが、人生で一番「青春」できるのが高校時代だと思います。大学も楽しいですが、青春という感じはあまりしないので、やはり行事などが充実している高校時代が一番キラキラしていて、一生忘れない思い出もたくさんできました。

そうした楽しい高校生活を送るためには、自分がその学校に合うかどうか、実際に足を運んでよく考えることが大切です。私も実際に行ってみて、明るく元気な雰囲気の学校を選びました。受験勉強は大変だと思いますが、高校に入ったら楽しい毎日が待っていることを期待して、乗り越えていってください。

TOPICS

歴史の勉強は二刀流がおすすめ！

歴史の勉強は、塾のテキストと学校の教科書を併用することをおすすめします。塾のテキストはわかりやすく要点がまとまっていますが、まとまりすぎているからこそ、全体の流れがつかみにくい部分があると思います。

一方、教科書は文章での説明が続くので、それを読んで要点をつかむのは難しいかもしれませんが、一種の物語のようにも読めるので、歴史の流れをおさえるにはうってつけなんです。

そこで私は、学校の教科書で流れを、塾のテキストで要点をおさえる、というように、2つをうまく使い分けながら勉強していました。流れをおさえながら要点を覚えていけば、歴史を学ぶのが楽しくなると思いますよ。

ブロック大の恒例行事・グレープスタンプは、ブドウのなかで暴れる楽しい行事です

留学中にみんなでニューヨーク旅行へ。奥に見えるのは自由の女神です

留学中には様々なパーティーを体験しました（写真はハロウィンパーティー）

和田式 受験コーチング

WADASHIKI ENTRANCE EXAM COACHING

「早めに志望校を決めて勉強を始めることがポイント」

5月もなかばを過ぎ、受験生としての自覚も育ってきたころでしょう。「自分は受験生だ」と強く意識して勉強に取り組んでいる毎日だと思います。ただ、やみくもに勉強をしても合格は得られません。いまから夏までに志望校合格に必要なスキルを獲得し、効果的に勉強を進めましょう。

受験勉強は1人ひとり違う

前号でもお話ししましたが、受験生とは「志望校を決めて、その学校の入試に合わせた勉強をする人」のことです。入試問題は学校によって異なるので、科目による配点差が生じたり、出題傾向も英語のレベルが高い学校、数学が難しい学校など各校で変わります。そのため、学校ごとに試験対策が必要になるといった具合です。

中学校の授業のように、全員がいっせいに指示を受けて同じ課題に取り組むような方法ではなく、受験勉強では1人ひとりに合った勉強を意識しなければいけません。学校の先生の言う勉強をするだけではダメなのです。

また、志望校という目標ができた時点から受験勉強は始まりますから、スタートラインも1人ひとり違うというのが受験勉強の特徴です。この考えを持っているかどうかで、じつはこの先の進路が大きく変わってくるのです。

今後の大学受験にも応用できるテクニック

例えば、高校受験の入試科目は3〜5科目と少ないうえに、中学での内申書や学校での順位がよければ、高校へ進学すること自体は難しいことではありません。

しかし大学受験では、高校受験と比べて

和田《わだ》 秀樹《ひでき》

HIDEKI WADA

1960年大阪府生まれ。東京大学医学部卒、東京大学医学部附属病院精神神経科助手、アメリカのカールメニンガー精神医学校国際フェローを経て、現在は川崎幸病院精神科顧問、国際医療福祉大学心理学科教授、緑鐵受験指導ゼミナール代表を務める。心理学を児童教育、受験教育に活用し、独自の理論と実践で知られる。著書には『和田式 勉強のやる気をつくる本』（学研教育出版）『中学生の正しい勉強法』（瀬谷出版）『［改訂新版］学校に頼らない 和田式·中高一貫カリキュラム』（新評論）など多数。初監督作品の映画「受験のシンデレラ」がモナコ国際映画祭グランプリ受賞。

受験生の悩みに効く
和田式処方箋

Q 5月病かも？最近やる気が出ません

A 早めに志望校を決めモチベーションを高めて

5月病というのは、本来は受験などが終わったあと、これまでのハードな状況から解放されてほっとした時期（5月ごろ）になるものです。あまり受験生がなるものではないのですが、なんとなくこの時期にそうした気分になる人もいます。

勉強に集中できない一番の理由は、志望校がまだ決まっていないからかもしれません。人間は行動を起こすときに、夢や目標がないとなかなか気分が盛り上がらないのです。また、いまは高校への進学率が高く、「必死で受験勉強をしないとどの高校にも入れない」というような切迫感は少なくなっており、モチベーションが上がりにくい状況にあります。やる気が出てこないのも無理はありません。

5月病対策には、やはり早い時期から明確な目標=志望校を持つことをおすすめします。まだ漠然としているのであれば、興味のある学校を訪ねてみると、校風や雰囲気も感じられて刺激になるでしょう。

入試科目の種類と数が増えたり、出題範囲も広くなります。高校受験と同じような勉強方法では対応しきれませんので、大学受験用のやり方に切り替える必要があります。そして、それができない人は大学受験では失敗します。

逆に、高校受験時から志望校に合わせた、あるいは、いまの自分の学力に応じた勉強をするという発想が身についた受験生は、高校受験のみならず大学受験でもそのやり方を活用できるのです。

さらに2020年度の大学入試改革では、記述式問題の出題や、英語での4技能評価が導入され、これまでよりも多くのことを身につける必要が出てきました。受験生とはクラスや学校での成績順位に一喜一憂するのではなく、あくまで受験する学校に合った勉強法を自分のものにすることが重要なのです。

自分のいまの実力を知るには、志望校の過去問題を解いてみることが一番。スラスラ解けるようであれば、出題傾向に合わせて勉強していけばいいし、ダメならどこに弱点があるかを把握し、苦手な部分を克服しなくてはいけません。

苦手克服には解けない問題集や参考書を無理矢理進めるのではなく、もっと前に戻って復習し、少しずつ力をつけていく必要があります。それがこの時期で、遅くとも夏休み前までに始めてください。

この段階でまだ志望校が決まっていなくても、併願校を2、3校選んでみましょう。

多くの受験生は、受験間際にそのときの学力に合う学校を志望校に選びますが、これでは試験対策も不十分となり、受験勉強としてムダが多く、合格ラインに届かないこともあります。志望校に合わせた勉強を行うために、志望校は早く決めることが重要です。

サクセス印のなるほどコラム

身の回りにある、知っていると役に立つかもしれない知識をお届け!!

スマホは便利だけど、じつはコワイ…?

先生ってスマホ使ってるよね?

うん、かなりね。ヘビーユーザーだ。

いつ見てるの?

もちろん勤務中は見られないから、勤務時間以外だね。

あ〜ほしいなあ、スマホ。

キミはまだ持っていないんだね。

持たせてもらえないから。

まあ、遅かれ早かれ持つからさ、いまは急がない方がいいよ。

なんで? もう友だちはほとんどみんな持っているのに…。

ほかの人が持っていればほしくなるのは当然のことだ。でもね、あまり早い時期からスマホを持っているのも考えものかもしれないよ。幼稚園や小学校低学年ぐらいから持たせてもらえるぐらいなら、むしろ早くから使いこなせていいのかもしれないけどね〜。

そんな小さい子どもが持ったって、スマホの意味ないじゃん!

そんなことはないよ。実際、外国で幼児がスマホを使いこなしている動画とか見たことない? でも、外国に比べると、日本は幼児や小学生がスマホを持つことに、より否定的だよね。

なんで否定的なの?

簡単に言えば、日本独自の犯罪が起こりやすいことがあげられる。スマホで人を勧誘してお金をだまし取ったり、変な人からのお誘いがきたり、とかね。

確かにニュースとかでもよく見る気がする。でも、それとボクがまだスマホを持たない方がいいということは関係ないでしょ。

そうだね(笑)。じゃあこんな話はどうかな。いまや、携帯やスマホで閲覧しているページはすべてデータとして残るから、これを分析、それも人工知能(AI)で分析することで、キミにオススメするページなんかがすぐに出てきたりする。つまり、キミの考えや行動なんかがスマホを通してAIに読まれてしまうということだ。

それはなんとなくいやだな…。人がAIに支配されてるってこと?

そこまで大げさではないけどね。そうだなあ。でも、気がつけばAIによって、私たちは管理されつつあるとはいえるかもしれない。

コワイッ!!

だから、早くスマホを持つのもいかがかな、と言っているわけ。

う〜ん。なかなか考えさせられた。でも、やっぱりほしい気持ちは変わらないんだよね〜。

まあね。周りはみんな持っていれば、それでも手に入れたいと思っちゃうというのはわかるよ。

でしょ! 先生も、今年も自分のクラスにボクみたいな優秀な生徒が入ったから満足したでしょ?

エッ? 自分で言うあたりはキミらしいね(笑)。でも、スマホもキミも、似ているかもしれないね。

どういう意味?

だって、じつは便利なスマホは、あっという間に怖い道具に早変わり。キミも頭の回転がよくて素直だけど、場合によってはすぐに先生を責めたりする怖い生徒に早変わりだからね!(涙)

先生のわりに、なかなかうまいこと言うね…。しかし、やっぱりスマホがほしい! いっそスマホになりたい!

そこまで言うならスマホをめざそう!(笑)

なれるわけないじゃん! 新学期早々バカにされたみたいで悔しい!

ミステリーハンターQの
タイムスリップ歴史塾

満州国

中国東北部に、1932年（昭和7年）からわずか13年の間存在した満州国。独立国家のように見えて、実際は日本が支配する傀儡国家だった。

勇　中国東北部にかつて満州国という国家があったんだよね？

MQ　日本が作った傀《かい》儡《らい》国家だね。

静　なんで満州国を作ったの？

MQ　日本は１９０４年（明治37年）〜１９０５年（明治38年）の日露戦争では勝利したけど、ソビエト連邦（以下、ソ連）の南下に強い警戒感をもっていたんだ。１９１０年（明治43年）に日本が韓国を植民地にした朝鮮併合の理由の１つも、ソ連南下への警戒感からだ。

勇　いつ作ったの？

MQ　日本としてはソ連と朝鮮半島の中間に位置する満州を勢力圏に収めたかったので、１９３１年（昭和６年）９月、現地に駐屯していた日本軍の関東軍が、満州事変を起こして、満州の軍閥だった張《ちょう》学《がく》良《りょう》の勢力を追い出し、自治運動を展開したんだ。当時の日本は昭和恐慌の影響で、経済状況がきわめて悪く、満州を獲得することで、景気の回復を図るという狙いもあったんだ。

静　満州国の建設に中国人は抵抗しなかったの？

MQ　満州は元々、清朝を建国した満州族（女《じょ》真《しん》族）の土地だったから、大きな抵抗はなく、翌１９３２年（昭和７年）３月に旧清朝の最後の皇帝だった溥《ふ》儀《ぎ》を執政にして、満州国の建国を宣言したんだ。

勇　満州族の人は喜んだのかな。

MQ　ところが日本は、政府の要所要所に日本人を配置して、関東軍の指揮のもとに政治を行ったから、満州族の人たちの支持を得にくかったんだよ。

静　国際社会はどう反応したの？

MQ　日本は同年９月に日満議定書に調印して、満州国を承認、イタリアやドイツも承認したけど、１９３３年（昭和８年）に開かれた国際連盟の会議で、満州国の存在が否定されると、日本は抗議して、国際連盟を脱退してしまったんだ。

勇　短気を起こしちゃったんだね。

MQ　翌１９３４年（昭和９年）には執政だった溥儀を皇帝にして、満州帝国として、帝政を敷いた。

静　満州国は発展したの？

MQ　日本人も多く入植し、軍需産業を中心に発展したけど、１９４５年（昭和20年）８月８日、ソ連が日ソ中立条約を破って満州に侵攻し、15日に日本は戦争に敗れて満州国も崩壊してしまった。関東軍の約60万人の将兵はソ連に抑留され、入植していた約85万人の日本人は帰国にあたって大変な苦労を強いられ、多くの人が亡くなったんだ。

ミステリーハンターQ（略してMQ）

米テキサス州出身。某有名エジプト学者の弟子。1980年代より気鋭の考古学者として注目されつつあるが本名はだれも知らない。日本の歴史について探る画期的な著書『歴史を堀る』の発刊準備を進めている。

山本 勇

中学３年生。幼稚園のころにテレビの大河ドラマを見て、歴史にはまる。将来は大河ドラマに出たいと思っている。あこがれは織田信長。最近のマイブームは仏像鑑賞。好きな芸能人はみうらじゅん。

春日 静

中学１年生。カバンのなかにはつねに、読みかけの歴史小説が入っている根っからの歴女。あこがれは坂本龍馬。特技は年号の暗記のための語呂合わせを作ること。好きな芸能人は福山雅治。

The most Advanced Sciences Navigation 001

マナビー先生の

最先端科学ナビ

FILE No.001

5G

通信速度の遅さへのイライラが解消される

インターネットは便利だ。知りたくなったことは、検索すればほとんどのことを知識として得ることができる。好きな映画も、ビデオ・オンデマンドのサービスを利用すれば、映画館に行かずにパソコンなどで自由に見ることができるしね。

その利用も最初は文字だけだったけど、いまは画像や動画も簡単にやりとりできるようになってきた。

このようにやりとりするデータの質も量も増え、かつ利用者も増えたため、データがサーバーからスムーズに端末（スマートフォンやパソコン）に流れず、なかなかつながらなかったり、受け取ったデータが重くて開かなかったりと、イライラさせられることもあるよね。

でも、国内で来春から導入が本格化する新しい通信規格5Gという通信サービスが実現すると、そんな悩みは一気に解消される。それだけではなく、これまでできなかった様々なことが可能になるんだ。

5Gは第5世代（Generation）を意味する無線の通信規格だ。

5Gが普及すれば、通信速度が速くなるというのだけれど、どのくらい速くなるのだろうか。

総務省が発表している通信速度の推移では、これまでの4Gの通信速度が1ギガ程度に対し、新しい5Gの通信速度は10ギガと、ほぼ10倍に伸びると考えられている（4Gの遅い部分と5Gの速いものを比較すると1000倍にもなる）。例えば2時間の映画を3秒でスマートフォンにダウンロードできるという。

また大容量でもある5Gは、通信速度の速さのほかにも特徴があり、これを総務省では「超高速」、「超低遅延」、「多数同時接続」、というキーワードで表している。

低遅延とはどういうことなんだろうか。データを送るときに影響するのはデータを送る速度だけでなく、そのデータが送り出されるまでに遅れてしまう時間も影響する。

5Gではこの遅れを1msec（1000分の1秒）まで減らすことができる。4Gと比べるとこれも10分の1に短くなるんだ。

自動運転の実現には欠かせない5Gの通信速度

「車の自動運転」のニュースをよく見るようになったよね。車の制御も色々あるけれど、それぞれの車に搭載されたコンピューターだけでは自動運転はできない。インターネットを介して周りの状況に応じた制御が必要なんだ。周りの車の状

マナビー先生

大学を卒業後、海外で研究者として働いていたが、和食が恋しくなり帰国。しかし科学に関する本を読んでいると食事をすることすら忘れてしまうという、自他ともに認める"科学オタク"。

超高速の新たな通信規格が人々の社会と生活を変える

態がインターネットで送受信できるようになると、その情報で車同士を制御することで安全に自動運転ができるようになる。

韓国やアメリカでは、すでに５Ｇの運用が始まっている。写真は2019年4月3日深夜にサービスを開始した韓国の５Ｇ対応スマートフォン
（写真/AFP＝時事）

【参考】
総務省ＨＰ
（検索「総務省 ５Ｇ」）

例えば数台前の車が急ブレーキをかけたとき、後ろの車に瞬時に伝わらなければ、玉突き事故が起こってしまう。周りの車の情報を、近くの車が互いに逐次インターネットを介して監視していれば事故を防止することができる。

その情報も遅延がなく瞬時に伝わらなければ自動運転などには使えない。高速で遅延のないインターネット接続が必要になる。5Gはそのニーズに応えるに十分だ。

自分の周辺にある機器がすべてネットでつながる時代

通信速度が速くなり、遅延が少なくなるとつなぎたくなる装置はほかにもどんどん多くなる。ほとんどの装置がインターネットにつながって情報をやり取りするようになるといわれていて、その装置をIoT（Internet of Things）と呼んでいる。多数同時接続だ。家庭内だけでも１００個以上の装置がインターネットにつながるようになるといわれている。各家庭、各企業で同じように接続していくので膨大な数の接続が発生するんだね。

いま、このように5Gのもたらすインターネットの力を借りて、超スマート社会を実現しようとする構想も進んでいる。

ドローンを使った宅配便、AIを活用した冷蔵庫やAIスピーカー。僻《へき》地《ち》でも最新の医療が得られる遠隔診療、介護もロボットがAIを使って行ってくれる。

まだ重労働が多い農業もAIで最適化され、仕事もどんどん変わっていく。

まさに通信の「産業革命」といっていいほどの変革だ。

かつて蒸気機関が社会全般を変えた「産業革命」。それを超えるほどの新しい社会がすぐそばに来ている。楽しみだね。

思わずだれかに話したくなる

名字の豆知識

第4回

今回は

高橋

高橋の「橋」ってどんな橋？

第3位の「高橋」は地名にも多い

「佐藤」「鈴木」に続き、全国第3位の名字は「高橋」です。「高橋」「高梁《はし》」なども元は同じです。「高橋」姓は１４０万６０００人いると推定されています。トップが群馬と愛媛。北海道、宮城、秋田、山形、埼玉、千葉で2位。岩手、東京、神奈川が3位。4位は新潟、広島、香川、高知、5位が茨城、島根、6位が福島、栃木、7位はなくて8位が大分、9位が大阪、10位が青森です。北海道、関東、東北のすべての都道県はベスト10に入っています。（新人物往来社『別冊歴史読本 日本の苗字ベスト１００００』より）

これからわかることは、「高橋」は関東東北に多く、次いで瀬戸内海沿岸各府県に多く分布しているということです。

「高橋」を冠する地名は、北は北海道から南は九州・鹿児島まで多く存在します。そして「高橋」姓は、こうした「高橋」という地に居住したり、領有した人が名乗っていった可能性が高いということです。

「高橋」＝「立派な橋」

では「高橋」とはどういう意味でしょうか。文字通り、川に架《か》けられた橋ということですが、とくに高く架けられたというよりも「立派な橋」という意味あいが強いと思われます。

古来、川を渡ることは苦労でした。現代の人は「橋を架ければいい」と思うかもしれませんが、橋を架けるにはコストもかかりますし、技術も必要です。川幅が大きければ大きいほど、コストも技術もかかります。大雨や暴風雨などで橋が流されることもしばしばでした。

このため、大きな川の場合、渡し船などで、こちら岸から向こう岸に渡る方がコスト的には見合ったのです。しかし、すべてを渡し船に依存するわけにもいきません。そこで、ところどころに橋を架けたのです。そのなかでも洪水にあっても流されない立派な橋を「高橋」と呼び、その周辺を「高橋」という地名にしていったと考えられています。こうして誕生した「高橋」が名字になっていったのでしょう。また、「高橋」を作る技術を持った人も名乗ったと考えられます。

文献に残る「高橋」の起源

地名から起こった「高橋」氏の例を1つあげましょう。

神話の世界の話ですが、第8代孝元天皇には4人の皇子がいたとされています。日本書紀や新《しん》撰姓氏録《せんしょうじろく》、歴史書の高橋氏文《たかはしうじぶみ》によれば、次男の大彦命《おおひこのみこと》の孫の磐鹿六雁命《いわかむつかりのみこと》は第12代景行天皇の巡行にお供をしたとき、天皇に魚介類を献上したとされています。

以後、天皇にお供するときは食事の世話をすることを命じられ、「膳臣《かしわでのおみ》」の姓を賜ったとされています。その後、子孫は代々、宮中において天皇の食事担当となっていったのです。「膳」を「かしわ」と読むのは、古代、柏の葉が食器の役割を果たしていたからです。柏の葉には防腐剤の役目もあり、いまも柏餅なんてありますよね。

食事の担当ということは、毒見との関係もあり、よほど天皇の信頼が厚くなければなりません。こうしたことから、膳臣は権勢を振るうようになっていき、食事担当だけではなく、政治部門や軍事部門にも進出していきました。

その膳臣は新撰姓氏録や高橋氏文などによると、682年（天武天皇11年）、領していた大和国添上郡高橋（現在は郡名も地名も消滅）の地名をとって「高橋」姓となり、684年（天武天皇13年）、八色《やくさ》の姓《かばね》制定に伴って「朝臣《あそん》」の姓を賜り、高橋《たかはしの》朝臣《あそん》となったとされているのです。その一族が各地に分散して大姓になっていったと考えられます。

孝元天皇の子孫以外にも、「高橋」氏は多く存在します。また、「立派な橋」という以外に、古代、天と地を結ぶ橋を「高橋」といい、それを名字にしたという説もあります。天と地を結ぶ橋は目には見えず、天を祀《まつ》り五穀豊穣を祈る祭祀《さいし》を行う一族が「高橋」を名乗ったというのです。

このように、「高橋」の由来は複数あります。

首相では、1936年（昭和11年）の二・二六事件で暗殺された高橋是清《たかはしこれきよ》がいます。彼は1921年（大正10年）から半年あまり首相を務めましたが、6回も大蔵大臣（現財務大臣）を務めており、首相としてよりも財政家として高く評価されています。しかし、彼の本名は「川村」で、生後間もなく、仙台藩士の高橋家に養子に入り、「高橋」を名乗りました。

歴史上の人物としては、江戸時代後期の天文学者、高橋至時《たかはしよしとき》は大阪の出身です。また、伊能忠敬《いのうただたか》の没後、「大日本沿海輿地全図《だいにっぽんえんかいよちぜんず》」を完成させ、シーボルト事件に連座して獄死した高橋景保《たかはしかげやす》は、至時の長男です。

今年10月の消費税増税後、税率10%が適用されるスーパーのイートインコーナー。持ち帰りの場合は８%の軽減税率となり、現場での混乱も予想される（2018年11月2日　東京都板橋区）写真：時事

PICK UP NEWS

ピックアップニュース！

今回のテーマ

消費税10%

政府は10月、消費税を現在の８％から10％に引き上げます。これによって約５兆6000億円の増収を見込んでいて、増収分は少子化対策などの社会保障費にあてる方針を打ち出しています。

消費税は1954年、フランスで初めて導入されました。日本では1989年（平成元年）４月、自民党の竹下登内閣のときに、初めて導入されました。そのときの消費税は３％でした。

８年後の1997年（平成９年）４月、同じく自民党の橋本龍太郎内閣は５％に増税しました。2014年（平成26年）４月、安倍晋三内閣はさらに８％に増税しました。そして2015年（平成27年）10月から、さらに10％に引き上げる予定でしたが、景気の回復が遅れたことなどを考慮し、１年半延期し、2017年（平成29年）４月からの増税に変更しました。ですが、それでも思うように景気が回復せず、逆に景気後退が深刻化する恐れがあったため、さらに２年半延期して2019年10月としたのです。

今回の増税について、野党からだけでなく、与党の一部からも慎重な対応を求める意見が相次ぎました。消費増税は、消費者の購買意欲をそぎ、需要が落ち込んで、景気が後退する可能性が大きいからです。

このため、安倍内閣は今回、軽減税率を導入することにしたのです。軽減税率とは週２回以上発行している新聞、食品、飲料水、持ち帰りの弁当などを８％に据え置くというものです。

しかし、同じ新聞でも各家庭に配達される宅配新聞は８％のままですが、駅の売店やコンビニなどで発売される新聞の消費税は10％となります。また、レストランや食堂での食事代は10％に引き上げられますし、アルコール類も軽減税率の対象にはなりません。ハンバーガーショップなどでは、店内で食べれば消費税は10％ですが、持ち帰ると８％となります。では店内で半分食べて、残りを持ち帰ったらどうなるのかといったことや、同じ弁当でも、店内で食べる場合と持ち帰る場合では値段が異なるという問題もあり、わかりにくいという指摘がなされています。ただ、軽減税率は当面の間の経過措置とされていて、いつまで実施されるかは決まっていません。

ジャーナリスト 大野 敏明
（元大学講師・元産経新聞編集委員）

それぞれの学校生活

虹色デイズ

仲良し４人組の虹色の学園生活

男子高校生４人のさわやかな学園生活を描いた青春ストーリーです。

なっちゃん、まっつん、つよぽん、恵ちゃんは、性格は異なるものの、いつもいっしょにいる仲よし４人組。４人のなにげない日常の１コマから、彼らの愉快な一面、ピュアな一面、真面目な一面が垣間見られ、楽しい気分にさせてくれます。

勉強、恋愛、進学について、ともに悩み、喜び、ときにぶつかりあいながらも助けあうといった高校生らしいエピソードがぎっしり詰まった作品です。友情で結ばれた彼ら１人ひとりの個性が光る虹色の高校生活が清々しく描かれています。明るくまっすぐな彼らの姿から元気を分けてもらえるはずです。

2018年／日本
監督：飯塚健

『虹色デイズ』DVD発売中
価格：3,800円+税
発売・販売元：松竹

帝一の國

生徒会長をめざす熱い戦い

生徒会長の座を狙う男たちの熱い戦いを描く物語。

舞台は、生徒会長を務めると、将来、内閣入りが約束されるという名門男子校・海帝高校。新入生の帝一は、将来、総理大臣になるべく、生徒会長をめざしています。夢に向かって突き進む帝一ですが、生徒会長選は密約あり、裏切りあり、策略あり。また、本人たちだけではなく、その親の思いも絡みあうというハチャメチャな展開で、ついつい見入ってしまいます。殺気すら漂う生徒会長選ですが、彼らが真剣であればあるほど、その姿が滑稽《こっけい》で思わず笑ってしまいます。帝一の思いがかなうのか見守りつつ、役者陣の全力の演技を楽しんでください。

2017年／日本
監督：永井聡

『帝一の國』 Blu-ray発売中
価格：4,700円＋税
発売元：フジテレビジョン
販売元：ポニーキャニオン

アオハライド

高校で再会した２人の青春物語

中学のころ、互いに淡い恋心を抱いていた双葉と洸。しかし、洸が突然転校したことで、思いを告げることなく離れ離れになってしまいました。そんな2人が高校で再会します。

タイトルの「アオハライド」とは、青春を「アオハル」と読み、英語の「ｒｉｄｅ（乗る）」と合わせた造語です。友情や恋に悩んだり、ある出来事から心に傷を負って正直な自分でいられなくなったりと、タイトルが表す通り、思春期真っただ中の彼らの青春を描きます。みなさんも共感できることがあるのではないでしょうか。悩みを抱えつつも、それぞれが未来につながる道を進もうとする姿が力強く頼もしく感じられます。２人の恋の行方にも注目です。

2014年／日本
監督：三木孝浩

『アオハライド DVD 通常版』
発売中
価格：3,500円＋税
発売元：集英社／博報堂DYメディアパートナーズ
販売元：東宝

無罪を勝ち取ることはできるのか!?

今月の1冊

『印刷職人は、なぜ訴えられたのか』

著/ゲイル・ジャロー
訳/幸田 敦子
刊行/あすなろ書房
価格/1300円+税

社会科の授業で、日本国憲法において定められている様々な国民の権利について学ぶよね。

そのなかにいわゆる「表現の自由」というものがある。

「集会、結社及び言論、出版その他一切の表現の自由は、これを保証」されており、だからこそ、例えば新聞やニュース番組で、政府の政策や政治家の言動についても、自由に議論することができる。

「それって普通のコトじゃないの?」と思うかもしれないが、じつはそうではない。日本でも、ほんの80年ほど前にはそれが認められない時代があったし、他国でもそうだ。こうした私たちの種々の権利は、長い人類の歴史のなかで、少しずつ勝ち取られてきたものなんだ。

そんな戦いの1つが、1730年代のアメリカで勃発した。舞台は、まだイギリス領だった当時は「イギリス領ニューヨーク植民地ニューヨーク市」と呼ばれていた、いまのニューヨーク。新聞紙上で「ニューヨークおよびニュージャージー両植民地」のウィリアム・コスビー総督を批判したとして、1人の印刷職人が裁判にかけられた。

彼、ジョン・ピーター・ゼンガーにかけられた容疑は「扇動《せんどう》的文書誹毀《ひき》罪」。誹謗中傷《ひぼうちゅうしょう》などで人々をあおった、ということなのだが、驚くのは、当時の「英国法のもとでは、個人への活字攻撃は、批判の中身が真であろうとなかろうと、文書誹毀罪に当たる」ということ。「表現の自由」はなかったんだ。

このままではゼンガーは有罪判決を受けてしまう。それに対して、ゼンガーをサポートする人たちがどう対抗したのか、それが『印刷職人は、なぜ訴えられたのか』という本にまとめられている。

この裁判の結果が、のちの独立戦争にもつながっていったと言われており、私たちがいま、当然のように持つことを認められている権利が、当然ではない時代があったということを知るうえでも、ぜひ読んでみてほしい一冊だ。

受験生のための
明日へのトビラ

ここからのページでは、高校受験生が知っておけば「ちょっと得する」
そんな情報をまとめました。保護者の方にとって見逃せないアドバイスもあります。
目を通しておけば、「あそこに書いてあったな！」と
最後のスコアアップにつなげることができます。

NEWS

全国 高校の普通科を抜本的に改革 新学科や専門コースで新味

文部科学省は4月、高校普通科の抜本改革をめざして中央教育審議会に新学科の設置などを諮問《しもん》した。

普通科とは、商業科、工業科、農業科などの専門教育（職業高校、専門学科）に対して、いわゆる普通教育を行う学校（学科）で、全国では高校生の73.1％が普通科で学んでいる。専門学科は21・6％、両方を履修できる総合学科は5.4％（2017年度＝文部科学省）。

普通科は、卒業に必要な74単位のうち国語、数学、英語、理科などの普通教科10科目と総合的な学習38単位を取れば、残りの36単位は専門教科を学ぶことができる。しかし、現状はその残りの時間も大学入試のための演習や補填授業にあてられている。

今回の改革は、画一的となっているカリキュラムを見直し、専門性の高い学科になるよう各校が独自色を打ち出せるようにする。文科省令などを改正し、2021年度からの導入をめざすという。

前述の残り36単位のうちの一定割合を、その各校の独自色ある学習にあてる方針だ。

具体的には、普通科のなかに専門コースを設けたり、今後増えることが見込まれる高校の統廃合・再編を機に、普通科を廃止し、例えば理数重点の「サイエンス・テクノロジー科」や英語重視の「グローバル科」など新味のある学科を設置していくという。

東京 高校生自身が自分の学校PRを 動画で熱く発信

東京都教育委員会は、生徒が伝えたい、自身の学校の魅力を、中学生や保護者など多くに向けて発信する「学校の魅力を伝えよう！都立学校魅力PR動画『まなびゅ〜』」の配信を始めた。

動画は、各校の生徒自身が企画や編集などにかかわり、生徒の視点や感覚で学校の魅力を紹介しているのが特徴。

4月10日現在、高校はまだ12校と少ないが、順次、各校の魅力が詰まった動画が発表される予定だ。

検索は「東京都教育委員会　まなびゅ〜」で。

知っておきたい

高校入試用語辞典

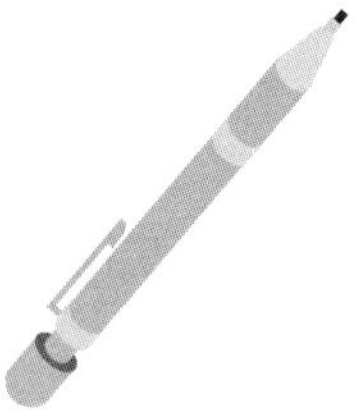

いまから高校入試に挑もうとする受験生とその保護者が知っておいてほしい「高校入試用語」をお届けします。
これからの受験生生活で「聞いたことはあるけれど、意味がちょっとわからない」という言葉が出てきたら
このページを開いてみてください。なお、次号以降にも続きます。

【一般入試】

学力（筆記）試験の結果を優先して合否を決める入学試験のこと。原則的に各高校で実施する科目試験の総合点で合否が決まる。別に面接を課す学校もあるが、柱は学力試験。これに対する入試として「推薦入試」がある。

【ＳＳＨ】スーパーサイエンスハイスクール

文部科学省が特定分野のうち、理数の先進研究事例として指定する高校。学習指導要領を越えた教育課程を編成できる。ＳＳＨ（スーパーサイエンスハイスクール）は科学技術、理科・数学教育が重点（指定期間５年）。

【ＳＧＨ】スーパーグローバルハイスクール

文部科学省がグローバル人材の養成を目的に指定する高校。２０１４年度（平成26年度）から始めた事業。

ＳＧＨ（スーパーグローバルハイスクール）には、グローバルなリーダー養成も兼ね、国際化に注力している大学や国際機関と提携している高校が選ばれる（指定期間は５年）。

【延納・延納手続き金】

私立高校では公立高校第1志望の受験生のために、公立高校の合格発表日まで入学手続きを延期できる制度を持つ学校が多い。この制度を「延納」という。

このとき、入学金の一部を延納手続き時に納める制度を持つ高校があり、これを「延納手続き金」と呼ぶ。入学すれば、入学金に充当されるが、入学辞退の際には返金されないこともある。

【オープンスクール】

学校を見学できる機会。施設の見学だけでなく、部活動や授業の実際をオープンにして体験できるのでこう呼ぶ。学校の雰囲気を自分の目で確かめることができる。学校説明会との同時開催も多い。

【過去問題（過去入試問題）】

その学校が過去に実施した入試問題。各校それぞれに出題傾向や配点傾向があるので研究は欠かせない。第1志望校については5年はさかのぼって解いてみたい。学校

で頒布《はんぷ》・配付している場合もあるし、書店でも手に入る。解いたあと、その年度の合格最低点や設問ごとの得点分布などを参考にする。時間配分も身につける。

【学区】

公立高校は、設置者が地方公共団体なので、その都県の住民であることが入学資格となる。

また、その都県をいくつかの地域に分け、当該の学校に通学できる地域を分けることがあり、それを学区と呼ぶ。

東京、神奈川、埼玉の公立高校は、都県内のどこの公立高校にでも通うことができるが（市立は別）、千葉は学区を設けている。

私立高校の場合は基本的に学区を設けていないが、通学時間に配慮して、通学地域を指定している学校もある。

【学校説明会】

その学校の教育理念や教育方針、授業の実際やカリキュラム、系列大学への進学、大学入試に関する取り組み、大学進学実績、入試日や入試方式などについて、各高校が受験生とその保護者を対象に行う説明会のこと。

施設や校内が見学できることもあり、学校へのアクセス方法なども含めて入試に関する下見をすることができる。

【キャリアガイダンス】

社会的に自立するための進路指導のこと。最近の高等学校教育での進路指導では、たんなる進学指導にとどまらず、生徒1人ひとりが自己を深く知り、未来像を描き、自己実現をめざすという、広い意味での進路学習となっている。このため、卒業生による講演や職場体験など幅広く企画が組まれている。進路への強い関心が進学へのモチベーションとなることが狙い。

教育ICT用語

IoTとは

アイ オー ティー（Internet of Things）＝モノのインターネット
「ネットを使って、モノ同士が情報を交換・自動処理すること」

インターネットを利用できる機器が一気に小型化し、スマートフォンや携帯用タブレットの普及も進んだ。さらにICチップ（集積回路）も小型化・薄型化され、それまでは搭載できなかった物品に、ネット機能を持たせることができるようになった。これらの進歩を受けて「あらゆる物品にネット機能を搭載し、互いに情報を交換、処理できるようにしよう」という考えが「IoT」である。

見据えている応用は幅が広く、「自動車同士がお互いにリアルタイムで通信し事故の撲滅、また、渋滞を緩和するように速度調整する」「センサーがつねに天気や気温を認識し、洗濯機や空調を自動で操作する」「商品タグにICチップを組み込み、物流をスピード化して管理する」「商品タグによるセルフレジ」「電力メーターにネット機能を組み込んで節電」などが考えられている。今後「高速・大容量」の通信サービス「5G」が普及すれば実現に大きく前進するだろう（関連記事68ページ）。

「アクティブ・ラーニング」とはどんな内容の学習のことを言うのでしょうか？

学校での学習に関して、ときどき「アクティブ・ラーニング」という言葉を聞きます。どういう内容のことをさすのでしょうか。また、私たち中学生にも関係のあることなのでしょうか。

（埼玉県川口市・KE）

「能動的に学ぶ」学習のことをさし、中学生のみなさんにとっても関係が深い学習方法です

アクティブ・ラーニングに関心を持っているというのは社会の動きを注意深く観察していて立派です。アクティブ・ラーニングとは、文字通り「アクティブ＝能動的」に「ラーニング＝学ぶ」学習のことをさします。この考えは、数年前、文部科学省中央教育審議会の答申のなかで、大学での学びのあり方を従来とは変化させ、学生が主体的に問題を発見・解決していく学習へと転換することの必要性が説かれたことをきっかけに広まりました。

つまり、これまでの学習が、どちらかというと教えてもらうことを主体とした「受動的学習」だったのに対し、自ら進んで学習していく「能動的学習」への転換が求められたわけです。そして、これは大学だけに要請されるものではなく、小・中・高においても行っていくべきだという考え方が生まれ、実際の教育現場でもアクティブ・ラーニングを意識した授業や学習が展開されています。

とくに高校では、アクティブ・ラーニングは大学入試とも密接に関連していると考えられており、アクティブ・ラーニングを通して、新しい大学入試に対応できる力を養おうとする動きもあります。新しい大学入試では、知識をたんに問われるだけではなく、学んだ知識を用いて新たな問題を発見し、それを自ら解決していく力があるかどうかが問われていくからです。アクティブ・ラーニングは、これから高校生になる中学生のみなさんにとって、かなり関係のある学習だと言えるでしょう。

保護者のための Q&A

塾に通い始めるのが周りよりも遅かったのですが受験にはまだ間に合うでしょうか？

中3の親です。高校受験に向けて、中2の3月から子どもが塾へ通い始めました。しかし、周りはもっと早くから塾に通っている子ばかりなので、塾に通い始めるのは遅かったのかと心配しています。

（東京都杉並区・HK）

中2終盤や中3になってから入塾する生徒にも対応できるカリキュラムが組まれているので安心してください

周りには中学校に入学したのと同時に塾に通い始める人もいるでしょうから、ご質問者のお子さんのように、中2終盤、もしくは中3になってから入塾された場合、お子さんが塾での勉強についていけるか心配になる親御さんも多いと思います。

たしかに、早い時期から塾で勉強を開始しているメリットは小さくありません。しかし、高校受験を目標とした受験準備の場合、それぞれのご家庭の事情もあり、本格的に受験勉強を開始する時期や通塾を始める時期は様々ですから、それほど心配しなくても大丈夫です。

例えば、運動系の部活動に熱中しているお子さんの場合、引退する時期が中3の夏ごろということが多く、その場合は引退したあと、中3の夏以降に入塾するということも珍しくありません。

塾のカリキュラムは、夏休みの夏期講習以降、中学3年間で履修するすべての範囲について、中1・中2の学習分野も含めて総復習するようなものになっています。入試問題を教材として学習していくなかで、これまでの総復習を自然に繰り返すことが可能なカリキュラムが構築されているのです。

ですからご質問者のお子さんのように中2終盤からの入塾であっても、カリキュラムに沿って勉強を継続すれば、十分入試に対応できる学力を培うことができます。実際、中3から塾で勉強を始めて成功した人も数多くいますから、安心してください。

A lady
Thank you very much. It's really crowded today. …❷
女性
ありがとう。今日はとても混んでいるわね。

Samantha
Yes. This is one of the most popular cafes around here.
サマンサ
ええ。このあたりで人気のカフェの1つですから。

Lily
We come here a lot.
リリー
私たち、よくここに来るんです。

A lady
I didn't know that. I just dropped in by chance.
女性
それは知らなかったわ。
私は偶然入ったから。

Samantha
If you don't have anything in your mind, you should try their today's special plate. Their pasta is very good. …❸
サマンサ
もし、なににするのかを決めていないのなら、本日のおすすめプレートがいいですよ。パスタがとてもおいしいんです。

Lily
And they give you a free drink with it.
リリー
それに、飲みものもついてきますよ。

A lady
That sounds great. I'll try that.
女性
それは素敵ね。
それにしてみるわ。

早稲田アカデミー
川村 宏一先生の

英語で話そう

川村 宏一先生
早稲田アカデミー 国際部
英語研究課 課長

サマンサはアメリカに住む中学3年生。
サマンサの日常生活を通して、すぐに使える身近な英語表現を学んでいきましょう。
ある休日、サマンサと友人のリリーがカフェでランチをしていると、
1人の女性に相席を求められました。

今回学習するフレーズ

解説❶ **Sure, go ahead.**
「もちろんです、どうぞ」

ex "May I use your dictionary?"
"Sure, go ahead."
「あなたの辞書を使ってもいい?」
「もちろんです、どうぞ。」

解説❷ **be crowded**
「(場所・乗りものなどが) 混んでいる」

ex Trains in Tokyo are always crowded.
「東京の電車はいつも混んでいる。」

解説❸ **have ~ in A's mind**
「~を考えている」

ex Do you have anything in your mind?
「(買いものなどで) なにか決めているものはありますか?」

A lady
Excuse me, but may I share this table with you two?
女性
すみませんが、相席してもいいですか?

Samantha
Sure, go ahead. …❶
サマンサ
もちろんです、どうぞ。

Lily
I don't mind, either.
リリー
私も大丈夫ですよ。

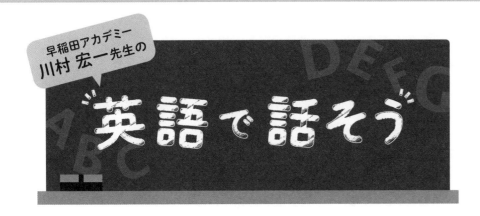

カ所あるので、

$$50x+30y-5(x+y-1)=500$$

が成り立つ。これを整理すると、

$$45x+25y=495 \Rightarrow 9x+5y=99$$

これをyについて解くと、$y=\frac{9}{5}(11-x)$

x、yは自然数だから、$11-x$は５の倍数でなくてはならない。

よって、$11-x=5$、10より、$x=6$、1

$x=6$のとき$y=9$、$x=1$のとき$y=18$

以上より、赤い布と白い布の両方を使って、ちょうど５ｍになる赤い布と白い布の枚数の組は

$(x, y)=(1, 18), (6, 9)$

次は食塩水に関する問題です。ここでは、含まれている食塩の重さに注目します。

問題2

A, B 2つの容器に, それぞれa%の食塩水900gと, b%の食塩水500gが入っている．最初にAから100gの食塩水を取り出しBに加えた．

(1) このとき, Bの容器に含まれる食塩は何gか．a, bを用いて表せ．

(2) その後，Bから100gの食塩水を取り出してAに加えたところ，Aの濃度は8.50%，Bの濃度は2.50%になった．a，bの値を求めよ．

（青山学院）

考え方

(1)「食塩の重さ＝濃度×食塩水の重さ」の関係から求めます。

(2) 何回も混ぜ合わせる操作を行う問題では、右図のような流れ図を用いると全体の様子がつかみやすくなります。この図を利用して、含まれている食塩の量をおさえながら方程式を立てましょう。

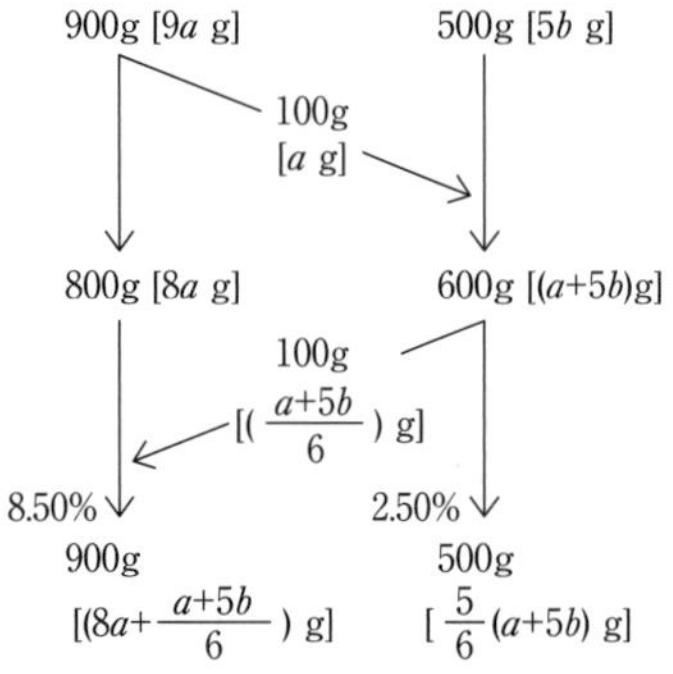

解き方

(1) a%の食塩水100g中に含まれる食塩の重さとb%の食塩水500g中に含まれる食塩の重さの和になるので、

$\frac{a}{100}\times100+\frac{b}{100}\times500=$ **$a+5b$ (g)**

(2) 含まれる食塩の重さは、食塩水の重さに比例するから、100g取り出したあと、容器Bに残る食塩水500g中に含まれる食塩の重さは、(1)より $(a+5b)\times\frac{500}{600}=\frac{5}{6}(a+5b)$ (g)

Bの濃度が2.50%になったことから、

$\frac{5}{6}(a+5b)=\frac{25}{1000}\times500$ ……①

また、Bから取り出した食塩水100g中に含まれる食塩の重さは、$(a+5b)\times\frac{100}{600}=\frac{a+5b}{6}$(g) であり、Bから取り出した食塩水を加える前のAには、$\frac{a}{100}\times800=8a$ (g) の食塩が含まれているので、Bの100gを加えたあとの容器Aの食塩水900gに含まれる食塩の重さは、$(8a+\frac{a+5b}{6})$ g

Aの濃度が8.50%になったことから、

$8a+\frac{a+5b}{6}=\frac{85}{1000}\times900$ ……②

①、②を連立方程式として解いて、**$a=9.25$、$b=1.15$**

文章題は「苦手」、「面倒」と敬遠してしまいがちですが、せっかく色々な文字式の計算や方程式の解法を練習したのですから、それを活用しないのはもったいないと思ってください。

今回取り上げたような形の問題は出題される機会も多いので、もう一度自分のノートで解き直して、もとになる考え方や解き方のコツをつかむ努力をしてみましょう。また、割合や速さなどの問題では、係数が小数や分数の文字式・方程式になっている計算が出てくるのが普通ですから、正解するためには確かな計算力も求められます。その意味でも解説を読んで理解するだけでなく、自分で答えを導く練習を繰り返すことが大切です。

早稲田アカデミー
登木隆司先生の

楽しみmath!
数学過去問徹底分析

登木 隆司先生
早稲田アカデミー 第一事業部長
兼池袋校校長

文章題は何度も取り組み
解き方のコツをつかめるようになろう!

今回は、方程式の応用問題を学習していきましょう。

初めに、整数と規則性に関する問題です。ここでは、作れるx、yに関する式は1つなので、文字が自然数を表すという条件を用いて解を求めていきます。

問題1

次は，先生，Aさん，Bさんの会話です。これを読んで，下の(1)，(2)に答えなさい。

先生　「縦20cm，横50cmの長方形の赤い布と縦20cm，横30cmの長方形の白い布を使って，縦20cm，横5mのゴールテープを作ろうと思います。」

Aさん「どのように作るのですか。」

先生　「布は切らずに，ゴールテープの縦の長さは20cmにそろえて，横は布と布を5cmずつ重ねて縫い合わせます。」

Aさん「赤い布と白い布は何枚あるのですか。」

先生　「どちらもたくさんあります。」

Bさん「Aさん，赤い布と白い布は横の長さが違うけれど，ちょうど5mにできるのかな。」

Aさん「赤い布だけなら，[ア]枚使って5mにできるよ。」

Bさん「赤い布と白い布の両方を使って，ちょうど5mになる枚数の組はあるのかな。」

Aさん「どうだろう。考えてみよう。」

---

(1) [ア]にあてはまる数を書きなさい。

(2) 赤い布と白い布の両方を使って，ちょうど5mになる赤い布と白い布の枚数の組を，赤い布をx枚，白い布をy枚として，途中の説明も書いてすべて求めなさい。　(埼玉県)

考え方

(2) x、yに関する式は1つしか作れませんが、xまたはyについて解いて、ともに整数になる組み合わせを見つけます。

解き方

(1) 赤い布だけをx枚使ってちょうど5mになったとすると、布と布が重なる部分は$(x-1)$カ所あるので、
$50x-5(x-1)=500$
が成り立つ。これを解いて、$x=11$
これは問題に適するから、
[ア]にあてはまる数は**11**

(2) **赤い布をx枚、白い布をy枚使って、ちょうど5mになったとすると、布と布が重なる部分は$(x+y-1)$**

※このページは87ページから読んでください。

$x+6x=14$
$7x=14$
$x=2$

このxの数値を（1）の式に代入しよう。

$y=5-3x$
$y=5-(3\times2)$
$y=5-6$
$y=-1$

これで正答が出た。

つまりは、(1)×2＋(2) という簡単な計算だけで済むわけだ。

正解 ⑮ $x=2$　$y=-1$

もう１つの解き方はこうだ。

(1)の式から、yの値は$5-3x$だとわかっているのだから、この $5-3x$ を$x-2y=4$のyに代入してしまえばいい。そうすると、

$x-2y=4$
$x-2(5-3x)=4$

となって、あとは、これを計算するだけだ。

$x-2(5-3x)=4$
$x-10+6x=4$
$7x=4+10$
$7x=14$
$x=2$

この$x=2$を$y=5-3x$に代入すると、

$y=5-3\times2$
$y=5-6$
$y=-1$

やはり、答えは同じになる。

⑯の都立の問題も、未知数を１つにするという考え方で解けばよい。

$-x+2y=8$ ……(1)　　$3x-y=6$ ……(2)

(1)×3＋(2)という計算でもいいし、(1)＋(2)×2でもかまわない。

(1)×3＋(2)なら、

$(-x+2y)\times3=8\times3$
$-3x+6y=24$

となって、

$-3x+6y=24$
$+)\ 3x-y=6$
$5y=30$
$y=6$

これを（2）の式に代入すると、

$3x-y=6$
$3x-6=6$
$3x=12$
$x=4$

正解 ⑯ $x=4$　$y=6$

(1)＋(2)×2で解くならば、

$-x+2y=8$ ……(1)
$+)\ 6x-2y=12$ ……(2)×2
$5x=20$
$x=4$

これを(2)に代入すると、

$3x-y=6$
$3\times4-y=6$
$12-y=6$
$-y=6-12$
$y=6$

やはり、結果は変わりない。

今回は簡単な式の計算問題を紹介した。易しすぎたかもしれないが、もし１つでもつまずいた問題があったのなら基礎に穴があるということだ。しっかり復習しておこう。

⑬も同じだ。

$2x^2-3x-1=0$を、解の公式に当てはめると、

$a\to 2\quad b\to -3\quad c\to -1$

となるから、計算は次のようになる。

$$x=\frac{-(-3)\pm\sqrt{(-3)^2-4\times 2\times(-1)}}{2\times 2}$$

$$=\frac{3\pm\sqrt{9+8}}{4}$$

$$=\frac{3\pm\sqrt{17}}{4}$$

正解　⑬ $\frac{3\pm\sqrt{17}}{4}$

ここまで読んできて理解できたなら、もう⑭なんぞはすらすらと解けるだろう。

$3x^2-8x+2=0$を、解の公式に当てはめよう。そうすると、

$a\to 3\quad b\to -8\quad c\to 2$

となり、計算は次のようになる。

$$x=\frac{-(-8)\pm\sqrt{(-8)^2-4\times 3\times 2}}{2\times 3}$$

$$=\frac{8\pm\sqrt{64-24}}{6}$$

$$=\frac{8\pm\sqrt{40}}{6}$$

$$=\frac{8\pm 2\sqrt{10}}{6}$$

$$=\frac{4\pm\sqrt{10}}{3}$$

正解　⑭ $\frac{4\pm\sqrt{10}}{3}$

二次方程式の次は、連立方程式だね。

ただし、都立では、連立方程式が先に出されて、それに続いて二次方程式を解くことになる。

また、神奈川県立と千葉県立では、今年は連立方程式が出題されなかった（千葉県立は、前期試験・後期試験ともに非出題）。

次の連立方程式を解きなさい。

⑮ $\begin{cases} y=5-3x \\ x-2y=4 \end{cases}$　（埼玉県立）

⑯ $\begin{cases} -x+2y=8 \\ 3x-y=6 \end{cases}$　（東京都立）

連立方程式の問題は、高校入試では二元方程式しか出されない。

二元というのは、未知数が２つということで、その２つは大抵xとyで表される、なんてことはとっくに知っていることだよね。

だから、連立方程式の解き方も難しくはない。

未知数、つまり数値のわからないのが２つあると面倒だが、未知数が１つなら話が早い。

というわけで、２つを１つにまとめてしまうのだ。

⑮の埼玉県立の問題ならば、こうする。

$y=5-3x$ ……(1)

$x-2y=4$ ……(2)

（1）の左辺のyと（2）の左辺の$2y$に目を留める。$2y$はyの２倍だね。

そこで（1）を２倍にする。

$y=5-3x$

↓

$2y=10-6x$

そして（1）と（2）を足す。

$$\begin{array}{rl} & 2y=10-6x \\ +) & x-2y=4 \\ \hline & x\quad =14-6x \end{array}$$ ……(3)

そして、この（3）を整える。

$x=14-6x$

※このページは87ページから読んでください。

⑨、⑩もすぐに解けるだろう。⑨は式を展開してから因数分解すればいいね。

正解 ⑨ $(x+7)(x-7)$　　⑩ $(x-3)(x+9)$

因数分解が終われば、いよいよ方程式だ。

> 次の二次方程式を解きなさい。
>
> ⑪ $2x^2+x-4=0$　（千葉県立）
>
> ⑫ $x^2+x-9=0$　（東京都立）
>
> ⑬ $2x^2-3x-1=0$　（埼玉県立）
>
> ⑭ $3x^2-8x+2=0$　（神奈川県立）

二次方程式の問題は、解の公式さえ覚えていれば、それでOKだ。

二次方程式 $(ax^2+bx+c=0)$ の解の公式は、こうだったね。

$$x=\frac{-b\pm\sqrt{b^2-4ac}}{2a}$$

⑪は、$2x^2+x-4=0$ だから、解の公式の

$a\to2$　$b\to1$　$c\to-4$

に当てはまる。

それで、計算は次のようになる。

$$x=\frac{-1\pm\sqrt{1^2-4\times2\times(-4)}}{2\times2}$$

$$=\frac{-1\pm\sqrt{1+32}}{4}$$

$$=\frac{-1\pm\sqrt{33}}{4}$$

正解 ⑪ $\dfrac{-1\pm\sqrt{33}}{4}$

⑫も同じように考えて、

$$x=\frac{-b\pm\sqrt{b^2-4ac}}{2a}$$

$x^2+x-9=0$ だから、解の公式の

$a\to1$　$b\to1$　$c\to-9$

というふうに当てはまる。

それで、計算は次のようになる。

$$x=\frac{-1\pm\sqrt{1^2-4\times1\times(-9)}}{2\times1}$$

$$=\frac{-1\pm\sqrt{1+36}}{2}$$

$$=\frac{-1\pm\sqrt{37}}{2}$$

正解 ⑫ $\dfrac{-1\pm\sqrt{37}}{2}$

教育評論家 正尾《まさお》 佐《たすく》の \サクセス的/ 高校受験過去問ガイド

今年出た入試問題② 数学

前号に続いて、「今年出た入試問題」がテーマだ。今号は、数学問題を取り上げよう。

数学の基本は数であり、式だといえる。だから、受験生の基礎力（基礎力のなかの最も基礎の力）を確認するために、どこの高校でも、冒頭の問題、第1問に基本的な計算問題を用意する。

試験場で緊張している受験生の心をほぐし、頭を柔らかくするためにも、初めに基本の問題を解かせるのがよい、という親心でもあるだろう。

だから、数学の得意な人にしてみれば見た瞬間に「やっさー（しい）！」と、ただちに暗算で答えを出せるものばかりだ。

まずは、最も多くの人が受験する公立高校の出題問題だ。今年の問題を見てみよう。その「やっさー（しい）」のなかでも「やっさーしすぎーる！」というものから始めることにする。

楽なのは神奈川県立の問題で、あらかじめ解答例が用意されている選択方式だ。

> 次の計算をした結果として正しいものを，それぞれあとの1～4の中から1つ選び，その番号を答えなさい。
>
> $(-7)+(-13)$
>
> 1. -20　2. -6　3. 6　4. 20　（神奈川県立）

もちろん、正答は1の－20だね。

正解 1. -20

他の都県を見よう。

> 次の計算をしなさい。
>
> ①　$15\div(-3)$　（千葉県立）
>
> ②　$(-8)\div(-4)-1$　（埼玉県立）
>
> ③　$5+\frac{1}{2}\times(-8)$　（東京都立）

これらも簡単だ。

正解 ① -5　② 1　③ 1

次は累乗や定数の加わった問題だ。

> 次の計算をしなさい。
>
> ④　$7-\left(-\frac{3}{4}\right)\times(-2)^2$　（千葉県立）
>
> ⑤　$-2a+5a$　（埼玉県立）
>
> ⑥　$4(a-b)-(a-9b)$　（東京都立）

これまた簡単。

正解 ④ 10　⑤ $3a$　⑥ $3a+5b$

さらに$\sqrt{\ }$が加わると、

> 次の計算をしなさい。
>
> ⑦　$(\sqrt{7}-1)^2$　（東京都立）
>
> ⑧　$\frac{10}{\sqrt{5}}-\sqrt{45}$　（埼玉県立）

⑦はすぐに$8-2\sqrt{7}$だとわかる。

だが、⑧は数学の苦手な人には、一応計算の説明が必要だろう。

$\frac{10}{\sqrt{5}}-\sqrt{45}$

$=\frac{2\times5}{\sqrt{5}}-(\sqrt{5}\times\sqrt{9})$

$=(2\times\sqrt{5})-(\sqrt{5}\times3)$

$=2\sqrt{5}-3\sqrt{5}$

$=-\sqrt{5}$

正解 ⑦ $8-2\sqrt{7}$　⑧ $-\sqrt{5}$

もう一歩進むと、因数分解が待っている。

> 次の式を因数分解しなさい。
>
> ⑨　$(x-4)^2+8(x-4)-33$　（神奈川県立）
>
> ⑩　$x^2+6x-27$　（埼玉県立）

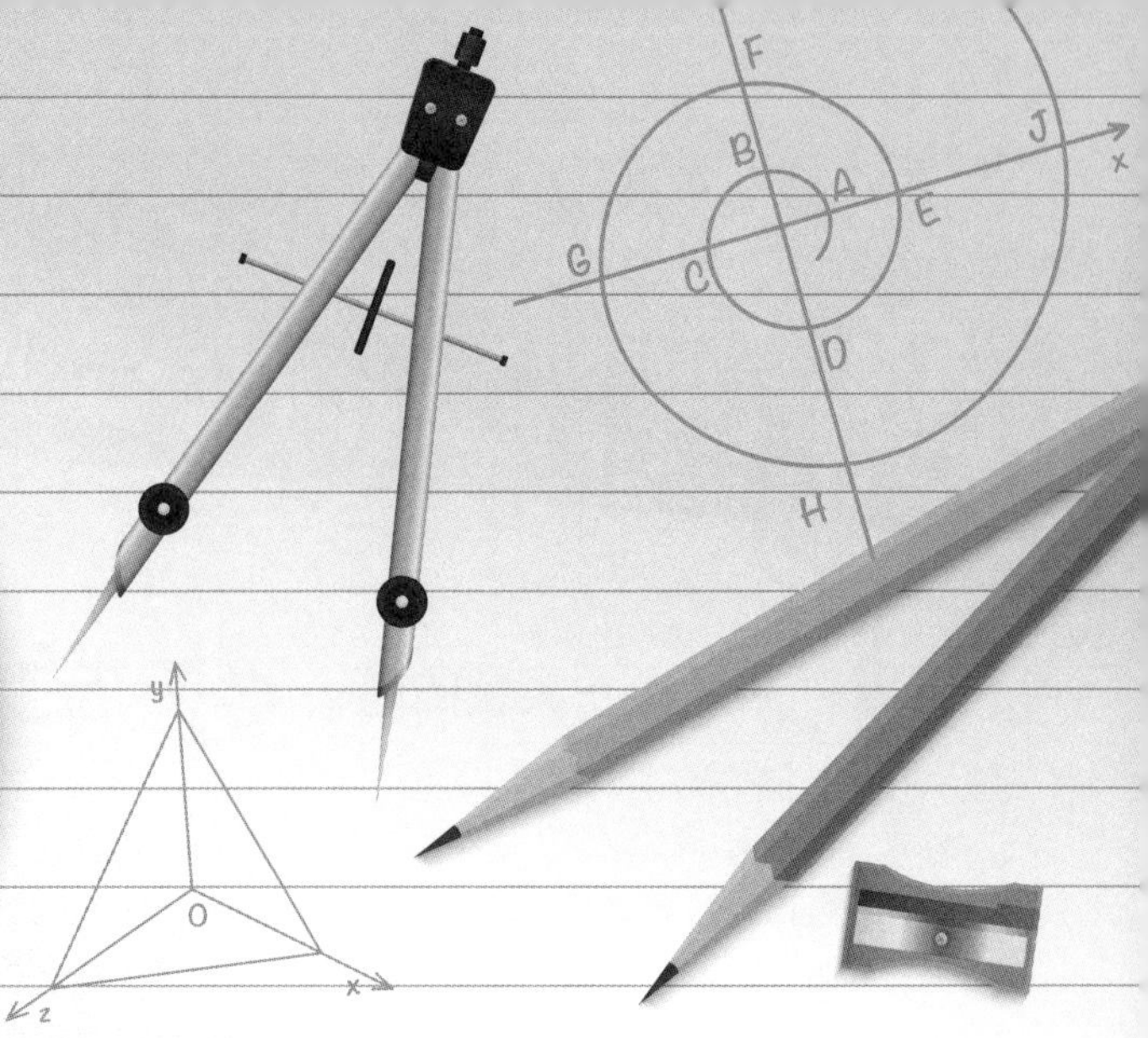

数学ランドへようこそ

ここ、数学ランドでは、毎月上級、中級、初級と3つのレベルの問題を出題しています。各問題に生徒たちが答えていますので、どれが正解か考えてみてくださいね。

TEXT BY 湯浅 弘一

ゆあさ・ひろかず／湘南工科大学特任教授、NHK教育テレビ（Eテレ）高校講座に監修講師として出演中。

問題編

答えは90ページ

上級

コイン投げで表が続けて４回出たら、多くの人はその偶然に驚くに違いありません。 では、20回連続してコインを投げた場合、表が続けて４回出る確率はどうなるでしょうか。

A

答えは…
0%
めったに起こらないから。

B

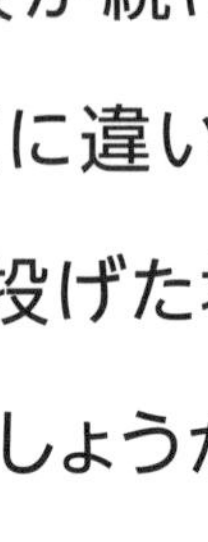

答えは…
50%
意外に起こったりして。

C

答えは…
色々
どんなコインを使うかで変わりそう。

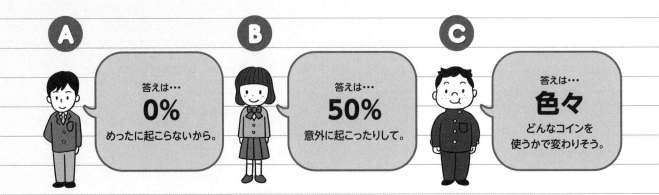

中級

1、2、4、6、8の数字の書かれたカードが1枚ずつあり、P、Q、Rの3人に1枚ずつ配りました。 配られたカードの数字について、以下の2つがわかっているとき、Rのカードの数字はいくつでしょうか。

条件ア　Rのカードの数字はPとQの平均だった
条件イ　Pのカードの数字はQの半分だった

A
答えは…
4
条件アから即決！
B
答えは…
6
条件ア、イを
しっかり読むとわかる。
C
答えは…
8
大は小を兼ねるって
言うし！

初級

折り紙を①～④の手順で3回折り、その後ハサミで黒い部分を切り取りました。これを元の状態まで広げたとき、折り紙の形はどのようになっているでしょうか。

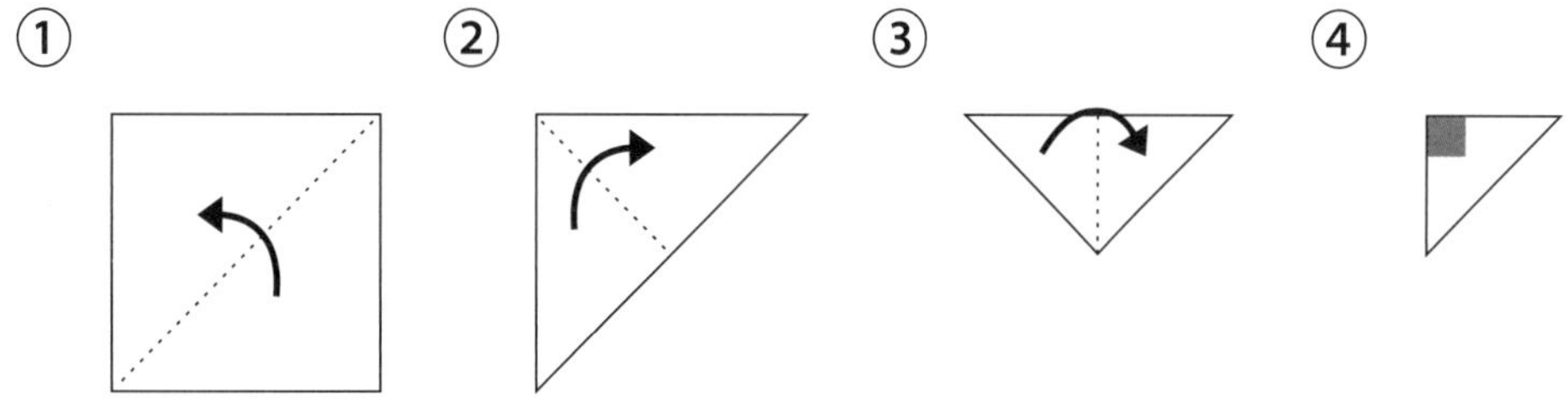
①
②
③
④

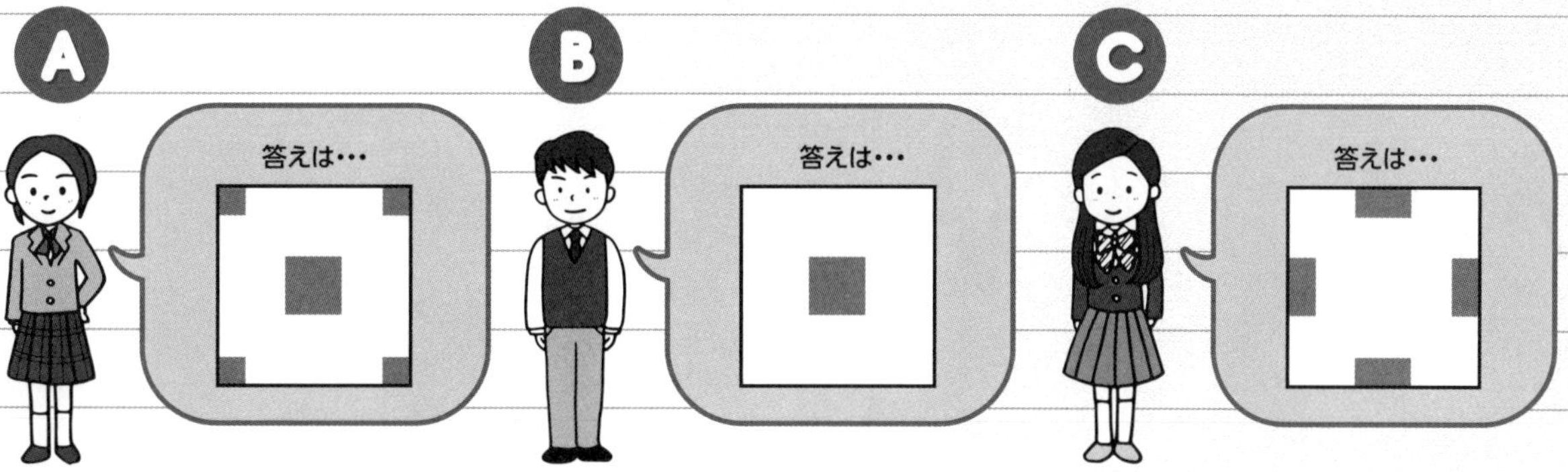
A
答えは…
B
答えは…
C
答えは…

上級

正解は **B**

これを「クラスターの錯覚」と言います。 この問題は上級なので、わからなければ「ふ～ん」と読み流してくださいね。


実際に20回コインを連続で投げるときにコインの表と裏が出る場合の数は、1回につき表と裏の2通りがあるので2^{20}通りの出方があります。

そのうち、表が連続して4回出る場合は、１回目～4回目、または２回目～５回目、または３回目～６回目…17回目～20回目のところで出るので、全部で17個となります。

連続して４回出るという場所がこの17カ所のうち１カ所以上あるので（例えば、1回目～4回目と4回目～7回目と11回目～14回目の３カ所出ることもある）と考えると、なんと20回のなかで４回連続の表が出る確率は50％に近づくのです。

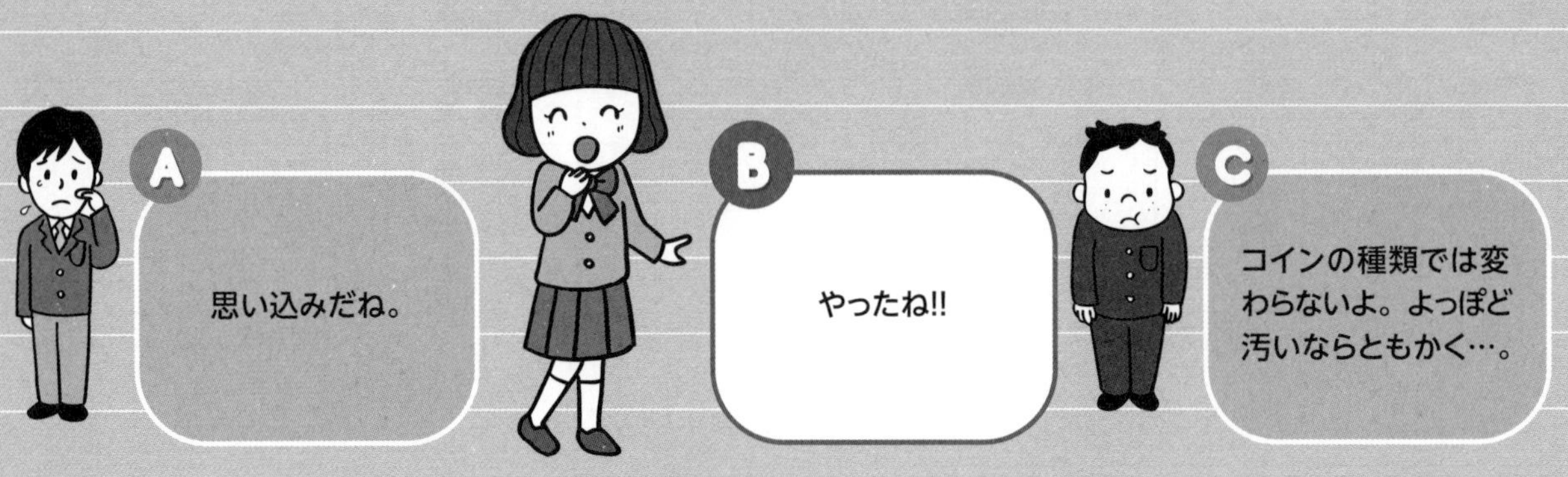
A
思い込みだね。
B
やったね!!
C
コインの種類では変わらないよ。よっぽど汚いならともかく…。

中級

正解は B

条件イ「Pのカードの数字はQの半分だった」からは、
以下の３つのパターンがあげられます。
P:1、 Q:2、 P:2、 Q:4、 P:4、 Q:8
続いて、条件ア「Rのカードの数字はPとQの平均だった」から、
上記３パターンのRの値を確認していきます。
「P:1、Q:2」の場合「R:1.5」→×（問題文のカードにない）
「P:2、Q:4」の場合、「R:3」→×（問題文のカードにない）
「P:4、Q:8」の場合「R:6」→○
よって、Rのカードの数字は６となります。

A
条件からどう即決
したのかな？
B
やったね!!
C
あまりにも
考えなさすぎ！

初級

実際に広げて考えると…

正解は C

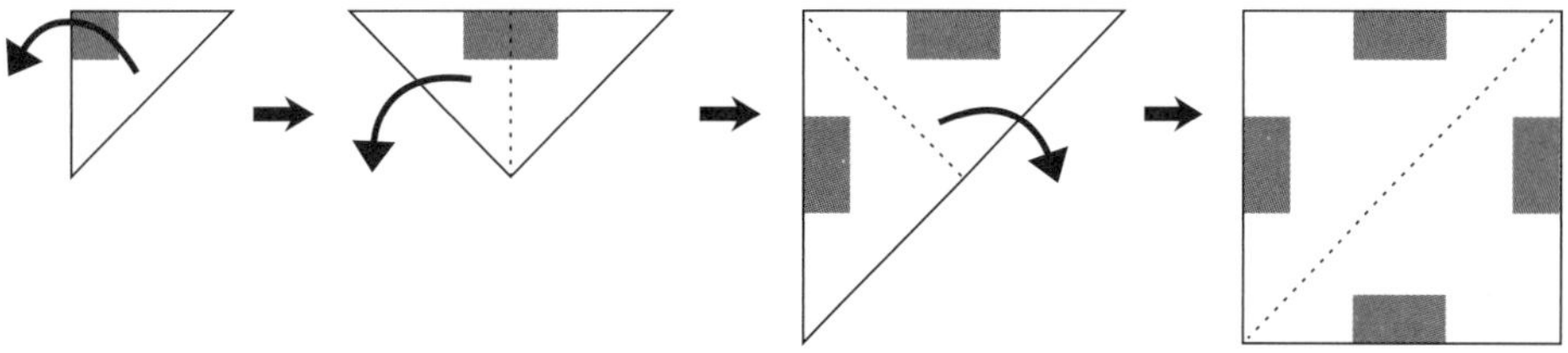

A
これは２カ所
切らないとならないよ。
B
それは違う場所を
三角に切った場合だね。
C
やったね!!

日《に》本《ほん》大《だい》学《がく》第《だい》三《さん》高等学校

東京　共学校

●東京都町田市図師町11-2375
●JR横浜線・小田急小田原線「町田駅」、JR横浜線「淵野辺駅」、京王相模原線ほか「多摩センター駅」バス
●042-789-5535
●http://www.nichidai3.ed.jp/

体育大会
6月15日(土)　9:00~15:00

三黌祭(文化祭)
9月28日(土)　9月29日(日)
両日とも9:00~15:00

説明会　要予約
10月　5日(土)　11月　9日(土)
12月　7日(土)
すべて13:45~15:00

問題

次の各組の英文がほぼ同じ意味になるように、(　　　)内に入る適語をそれぞれ答えなさい。

(1) He went to the station, so he is not here now.
He (　　　　) (　　　　) to the station.

(2) Bob likes rice. He also likes noodles.
Bob likes (　　　　) rice (　　　　) noodles.

(3) Everybody laughed at the boy.
The boy (　　　　) laughed at (　　　　) everybody.

(4) I have homework to finish today.
I have homework (　　　　) (　　　　) have to finish today.

(5) Mt.Fuji is the highest mountain in Japan.
(　　　　) mountain in Japan is (　　　　) than Mt.Fuji.

解答　(1) has, gone　(2) both, and　(3) was, by　(4) which または that, I　(5) No, higher

---

日出《ひので》学《がく》園《えん》高等学校

千葉　共学校

●千葉県市川市菅野3-23-1
●京成線「菅野駅」徒歩5分、JR総武線「市川駅」徒歩15分またはバス、JR常磐線「松戸駅」バス
●047-324-0071
●http://high.hinode.ed.jp/

体育祭
6月8日(土)

学校説明会　要予約
9月28日(土)14:00~、15:30~

日出祭(文化祭)
10月　5日(土)　10月　6日(日)

入試説明会　要予約
11月16日(土)　14:00~

学校見学
毎日実施

問題

次の(1)~(2)の会話文の(　　　)に入れるべき最も適当な文を、それぞれア~エの中から1つずつ選び記号で答えなさい。

(1) (At the airport)
A: Hello, Kai. Nice to see you again.
B: Hello, Michael. You're looking very well.
A: Wow, you have many bags. Can I help you? Here, (　　　)
B: Oh no, it's OK. I can do it by myself.

ア　let you know where I go.
イ　let me carry those bags.
ウ　shall I drive the car?
エ　the taxi comes.

(2)
A: Can you help me?
B: What's wrong?
A: I just put 150 yen in the Coca-Cola machine but nothing came out.
B: (　　　)

ア　I think it's out of order.
イ　I think it's broken up.
ウ　I think it won't go.
エ　I think there is no operation.

解答　(1) イ　(2) ア

青《せい》稜《りょう》高等学校

東京　共学校

問題

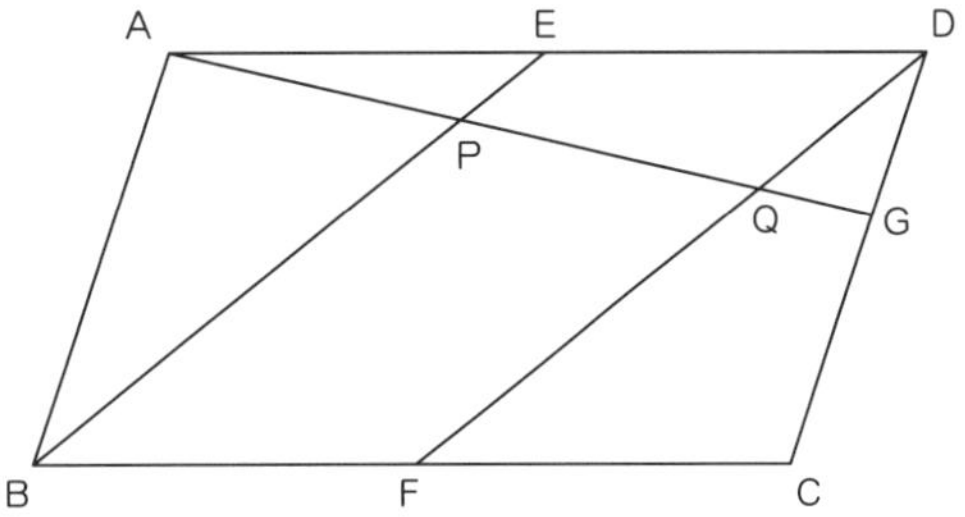

右の図の四角形ABCDは平行四辺形である。点E，Fはそれぞれ辺AD，BCの中点であり，点Gは辺CD上の点でCG：GD＝2：1である。また，線分AGと線分BE，FDの交点をそれぞれ点P，Qとする。

このとき，次の□に最も適する数字を答えよ。

(1) 線分APと線分PGの長さの比を最も簡単な整数の比で表すと，AP：PG＝ア：イである。

(2) 四角形EPQDの面積が6のとき，平行四辺形ABCDの面積はウエである。

解答　(1) ア3，イ4　(2) ウ5，エ6

●東京都品川区二葉1-6-6
●東急大井町線「下神明駅」徒歩1分、JR京浜東北線・りんかい線「大井町駅」徒歩7分、JR横須賀線「西大井町駅」徒歩10分
●03-3782-1502
●https://www.seiryo-js.ed.jp/

説明会

10月 5日（土）　10月26日（土）
11月30日（土）　12月14日（土）
すべて14:30～16:00

学校見学

10:30～15:00で随時実施

帝《てい》京《きょう》高等学校

東京　共学校

問題

図はある立体の展開図です。次の問いに答えなさい。ただし、円周率をπとし、アは中心角144°のおうぎ形で、イは半径4cmの円です。

(1) OAの長さを求めなさい。

(2) この立体の表面積を求めなさい。

(3) この立体の体積を求めなさい。

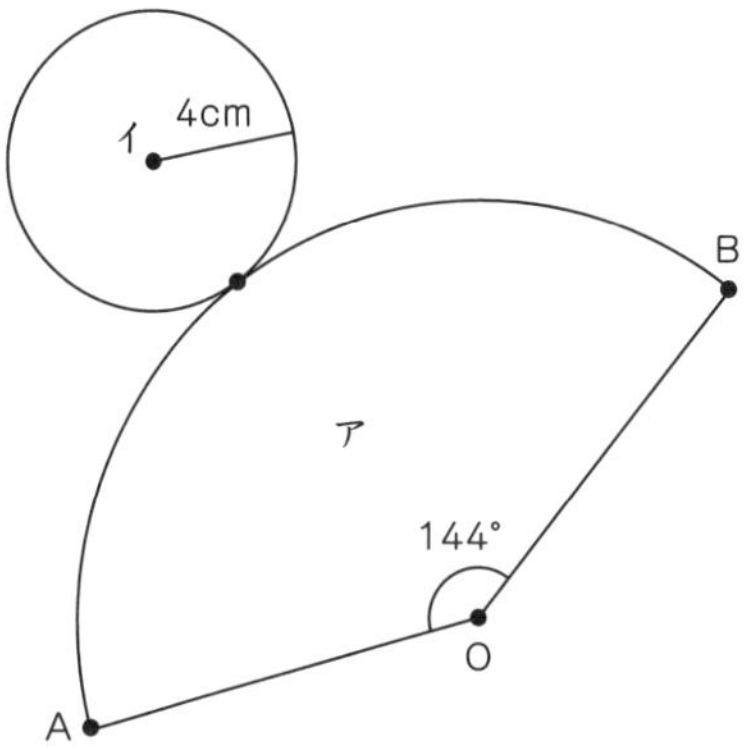

解答　(1) 10cm　(2) 56π cm^2　(3) $\frac{32\sqrt{21}}{3}\pi$ cm^3

●東京都板橋区稲荷台27-1
●都営三田線「板橋本町駅」徒歩8分、JR埼京線「十条駅」徒歩12分、東武東上線「中板橋駅」徒歩20分
●03-3963-4711
●https://www.teikyo.ed.jp/

オープンスクール　要予約

8月24日（土）　8月25日（日）
両日とも9:00～12:30

学校説明会

9月 7日（土）　9月21日（土）
10月19日（土）　10月26日（土）
すべて13:30～

蜂桜祭（文化祭）

9月28日（土）　9月29日（日）
両日とも9:00～15:00

読者が作る おたよりの森

テーマ

我が家のペット自慢

少し珍しい**ハリネズミ**を飼っています！　表情がとっても豊かで見ていて癒されます〜！　意外にもハリネズミって足が速いんです!!
(中３・つんつんつんつんさん)

コーギーを飼っているのですが、短い足で一生懸命「お手」をする姿がかわいくて仕方ありません！　まぁそのほかの芸はとくにできないんですけどね…。
(中２・ぼくもコーギー体型さん)

うちにはイヌとネコがいます。ネコはまだ小さいのですが、イヌがまるで母親のように面倒をみていて、すごく仲良しです。**寄り添って寝ている姿**は、もう最高にかわいくて癒《いや》されます！
(中１・シロ&トラ LOVE さん)

わが家には３年も生きている**金魚**がいます。縁日で飼った金魚は長生きしないと聞いたのですが、すくすくと成長し、家に来た友だちが「これが金魚!?」とみんな一度は驚く大きさになりました。
(中３・名前は金ちゃんさん)

うちの**文鳥**は、いつも鳥かごのなかのブランコに乗って寝ます。夜に鳥かごを暗くして小鳥を寝かせるのですが、そのときに「寝るよ」って声をかけると自分からちゃんとブランコに飛び乗ります。その様子がかわいくて、毎晩の楽しみです。
(中２・ピーちゃんさん)

私が生まれる前からわが家にいる**ゴールデンレトリバー**のロコは、私の気持ちをいつも察してくれて、悲しいときはそばにきてくれるんです。ロコは賢くて穏やかでかわいい私の大好きなお姉ちゃんです。
(中１・N.N. さん)

テーマ

やらなくて後悔したこと

明日までに提出しなきゃいけない**数学の宿題**をまだやっていません。これから20ページもやるなんてしんどすぎ。もっと早くやっておけばよかった…。
(中２・ギリギリスさん)

中学生になったら**サッカー部**に入りたかったけど、経験者が多そうだったから未経験の自分は恥ずかしい思いをするかも…って思って入るのをやめてしまった。でも、じつは結構未経験者もいたみたいですごく後悔してる。
(中１・陸上部で頑張ってますさん)

小学校の卒業式の日に、**好きな子に告白**しようとして結局できませんでした。中学は別なので会うこともなくなってしまい、しかも噂によると、さらにかわいくなって中学校でモテてるらしいです。まぁ告白していたからってOKされたとは限りませんが…。
(中１・最後に勇気が出ないさん)

これはもう**英語**です。去年、アメリカから来た留学生がクラスにいて、その子が頑張って日本語を使おうとしていたのに甘えて、全然英語で話しかけなかったので。いま、ホント後悔してます。
(中２・意志弱男さん)

ボーイスカウトを途中でやめたこと。周りに入っている友だちがいなくてやめたけど、よく考えたら結構おもしろくてためになることをやっていたんだなあといまは思う。
(中３・そなえよつねにさん)

テーマ

好きな芸能人

永野芽郁ちゃんは『nicola』のころから応援してて、いま『Seventeen』も毎月読んでます！　もちろんドラマ「３年Ａ組」も見てましたー！
(中２・めいめいさん)

米津玄師。米津さんの作る曲は全部やばい。とくに「Lemon」はめっちゃいい曲なのでおすすめ！
(中３・アイネクライネもすきさん)

出川哲朗が好きです！　いつかぼくの住んでいる街にも電動バイクで来てくれないかな。
(中２・やばくないよさん)

広瀬すずちゃん！　本当に本当にかわいいですよね！　生まれ変わったらあんな顔になるか、もしくは男になってあんな彼女がほしい！
(中２・F.K. さん)

防弾少年団（BTS）にハマりまくっています。かっこいいし、歌もうまいし、ダンスもキレッキレだし、もう非の打ちどころがない！　早く自分でライブのチケットが買えるようになりたい！
(中２・BTS愛さん)

行って、見て、楽しむ

イベント掲示板

5月～7月

1 ウィーンの世紀末芸術

日本・オーストリア外交樹立 150周年記念

ウィーン・モダン クリムト、シーレ 世紀末への道

4月24日(水)～8月5日(月)
国立新美術館

クリムト、シーレ、ココシュカなど、ウィーンの「世紀末芸術」の巨匠の傑作が集結。19世紀末から20世紀初頭にかけてオーストリアのウィーンで活発化した芸術活動は「世紀末芸術」と呼ばれ独特の文化を作り上げた。絵画、建築、インテリア、ファッションなど多様なジャンルからウィーンの芸術文化の全容を紹介する魅力的な内容。　P 5組10名

2 高畑監督の演出術に迫る

高畑勲展 ―日本のアニメーションに遺したもの

Takahata Isao：A Legend in Japanese Animation

7月2日(火)～10月6日(日)
東京国立近代美術館

昨年４月、惜しまれつつこの世を去ったアニメーション映画監督の高《たか》畑《はた》勲《いさお》。テレビアニメーション「アルプスの少女ハイジ」や「火《ほ》垂《た》るの墓」「かぐや姫の物語」といったアニメーション映画など、人々の心に残る多くのアニメーションを制作した高畑監督の活動を紹介する展覧会がこちら。展示資料には初公開の制作ノートや絵コンテなど貴重なものも多い。

3 これぞ、リアル三国志

日中文化交流協定締結40周年記念

特別展 「三国志」

7月9日(火)～9月16日(月祝)
東京国立博物館

魏《ぎ》・蜀《しょく》・呉《ご》の３国が争った中国の三国時代の動向は、正史『三国志』や小説『三国志演義』として著され、日本でも人気が高い。今回の特別展では、三国志にまつわる多数の文物などから、三国志のリアルな世界を知ることができる。中国国外初公開となる、2009年に発見され話題を呼んだ曹《そう》操《そう》高《こう》陵《りょう》（曹操の墓）の出土品もあるからすごい。　P 5組10名

4 世界中を魅了し続ける線の魅力

みんなのミュシャ ミュシャからマンガへ――線の魔術

7月13日(土)～9月29日(日)
Bunkamura ザ・ミュージアム

ミュシャとマンガ、この意外な組み合わせがこれまでにない画期的なミュシャ展を予感させる。アール・ヌーヴォーを代表する芸術家アルフォンス・ミュシャが描いた数々のポスターは、まさに線の魔術ともいえる華やかさが魅力。展覧会では、ミュシャの作品群に加え、日本のマンガをはじめミュシャの影響を受けた多くの作品を見られる。　P 5組10名

1 エゴン・シーレ《自画像》1911年　油彩／板　27.5×34cm　ウィーン・ミュージアム蔵　©Wien Museum／Foto Peter Kainz　**3** 揺銭樹台座　土器　後漢～三国時代(蜀)・3世紀　2012年、重慶市林口墓地２号墓出土　重慶市文化遺産研究院蔵　**4** アルフォンス・ミュシャ《ジョブ》1896年　カラーリトグラフ　ミュシャ財団蔵　©MuchaTrust2019

招待券プレゼント

Pマークのある展覧会・イベントの招待券をプレゼントします。97ページ「パズルでひといき」にあるQRコードからご応募ください(応募締切 2019年6月15日)。当選者の発表は賞品の発送をもってかえさせていただきます。

3月号の答えと解説

問題 ことわざ穴埋めパズル

例のように、空欄にリストの漢字を当てはめて、下の**1**～**8**のことわざを完成させましょう。リストに最後まで使われずに残った漢字を使ってできるもう1つのことわざをつくってください。できたことわざと似た意味をもつことわざは、次の3つのうちどれでしょうか。

ア 後悔先に立たず　**イ** 歳月人を待たず　**ウ** 木を見て森を見ず

【例】 □を□らわば□まで　→　毒を食らわば皿まで

1 □□に□
2 □の□にも□
3 □の□□□らず
4 □□□を□ばず
5 □ある□は□を□す
6 □も□けば□に□たる
7 □を□たら□□と□え
8 □の□の□□□を□らず

【リスト】

井	陰	隠	海	蛙	鬼	犬	見
光	弘	皿	子	思	耳	食	寝
心	親	人	水	選	大	鷹	知
知	中	爪	泥	当	毒	如	能
筆	歩	法	棒	棒	目	矢	涙

解答 イ

解説

問題の**1**～**8**のことわざを完成させると下のようになり、残った漢字でできることわざは「光陰《こういん》矢の如し」になります。「光陰」の「光」は日、「陰」は月の意味を表し、光陰で月日、時間の流れを意味します。このことから、「光陰矢の如し」は「月日がたつのはとても早い」という意味で、似た意味を持つことわざは、**イ**の「歳月人を待たず」（年月は人の都合にかかわりなく、刻々と過ぎていき、少しもとどまらない）になります。問題の**1**～**8**のことわざとその意味は、次の通りです。

1 寝耳に水…不意の出来事や知らせに驚くこと。
2 鬼の目にも涙…冷酷で無慈悲な人でも、ときには情け深い心を起こして涙を流すこともあるということ。
3 親の心子知らず…親の愛情や苦労は子に通じにくく、子は勝手なふるまいをするものだということ。
4 弘法筆を選ばず…（弘法大師は書の達人であったことから）本当の名人は道具のよしあしにかかわらず立派な仕事をすることのたとえ。
5 能ある鷹は爪を隠す…実力のある者ほど、それを表面に現さないということ。
6 犬も歩けば棒に当たる…物事をしようとしている者は思いがけない災難にあうものだというたとえ。また、なにか行動を起こせば、思いがけない幸運にめぐりあえるという意味にも使われる。
7 人を見たら泥棒と思え…他人を軽々しく信用してはいけないということ。
8 井の中の蛙《かわず》大海を知らず…狭い世界に閉じこもって、広い世界のあることを知らないのこと。

解いてすっきり

パズルでひといき

今月号の問題

初夏の花が咲く家（論理パズル）

Ａ～Ｄの隣りあった４軒の家があります。Ａ～Ｄの家は、それぞれ、佐藤さん、鈴木さん、高橋さん、田中さんのいずれかです。また、それぞれの家の庭には、バラ、アジサイ、ツツジ、スズランの４種類の花のうち３種類の花が植えられていますが、どの家も３種類の花の組み合わせは異なっています。

次の①～⑤のことがわかっているとき、下のア～エのなかで、正しいことを述べているのはどれでしょうか。

① 佐藤さんの家には、アジサイとツツジが植えられている。
② Ａの家は、佐藤さんでも、田中さんでもない。
③ 鈴木さんの家には、アジサイとツツジの両方は植えられていない。
④ Ｂと田中さんの２軒の家には、バラとアジサイが植えられている。
⑤ Ｃの家は、田中さんではないが、バラが植えられている。

ア Ａの家は鈴木さんで、バラ、ツツジ、スズランが植えられている。
イ Ｂの家は佐藤さんで、バラ、アジサイ、ツツジが植えられている。
ウ Ｃの家は高橋さんで、バラ、ツツジ、スズランが植えられている。
エ Ｄの家は田中さんで、アジサイ、ツツジ、スズランが植えられている。

応募方法

左のQRコードからご応募ください。
◎正解者のなかから抽選で３名の方に図書カード（1000円分相当）をプレゼントいたします。
◎当選者の発表は本誌2019年８月号誌上の予定です。
◎**応募締切日 2019年６月15日**

３月号学習パズル当選者

全正解者23名

本島芽衣子さん（中３・埼玉県）
武田　碧生さん（中１・東京都）
塚本　彩花さん（中１・東京都）

○ 目標・目的から逆算された学習計画

マイスタ・個別進学館は早稲田アカデミーの個別指導ブランドです。個別指導の良さは、一人ひとりに合わせた指導。自分のペースで苦手科目・苦手分野の学習ができます。しかし、目標には必ず期日が必要です。そこで、期日までに必要な学習内容を終えるための、逆算された学習計画が必要になります。早稲田アカデミーの個別指導では、入塾の際に長期目標／中期目標を保護者・お子様との面談を通じて設定し、その目標に向かって学習計画を立てることで、勉強への集中力を高めるようにしています。

○ 集団授業のノウハウを個別指導用にカスタマイズ

マイスタ・個別進学館の学習カリキュラムは、早稲田アカデミーの集団授業のカリキュラムを元に、個別指導用にカスタマイズしたカリキュラムです。目標達成までに何をどれだけ学習するかを明確にし、必要な学習量を示し、毎回の授業・宿題を通じて目標に向けて学習し続けるためのモチベーションを維持していきます。そのために早稲田アカデミー集団校舎が持っている『学習する空間作り』のノウハウを個別指導にも導入しています。

○ 難関校にも対応

マイスタ・個別進学館は進学個別指導塾です。早稲田アカデミー教務部と連携し、難関校と呼ばれる学校の受験をお考えのお子様の学習カリキュラムも作成します。また、早稲田アカデミーオリジナルの難関校向け教材も、カリキュラムによっては使用することができます。

お子様の夢、目標を私たちに応援させてください。

無料 個別カウンセリング 受付中

その悩み、学習課題、私たちが解決します。

個別相談時間 30分～1時間

勉強に関することで、悩んでいることがあればぜひ聞かせてください。経験豊富なスタッフが最新の入試情報と指導経験をフルに活用し、丁寧にお応えします。 ※ご希望の時間帯でご予約できます。お電話にてお気軽にお申し込みください。

中2・中3対象

日曜日を使って効率的に
学力アップを実現する

日曜特訓講座

中2必勝ジュニア

「まだ中2だから……」なんて、本当にそれでいいのでしょうか。もし、君が高校入試で早慶など難関校に『絶対に合格したい!』と思っているならば、「本気の学習」に早く取り組んでいかなくてはいけません。合格に必要なレベルを知り、トップレベルの問題に対応できるだけの柔軟な思考力を養うことが何よりも重要です。さあ、中2の今だからこそトライしていこう!

▶必勝ジュニアの特長

- ●難関高校の入試問題トップレベルの内容を扱います
- ●難関校を目指すライバルに差をつけます
- ●中2でも解ける入試問題にチャレンジします
- ●1つのテーマを集中授業で完璧にします
- ●近隣校舎のライバルと切磋琢磨できる環境

［科目］英語・数学　［時間］13：30〜18：45

［日程］7/7・7/14 ※2回でセットの講座です

［料金］1ヶ月16,400円（教材費込み・税込み）

［会場］渋谷校・立川校・西日暮里校・船橋校・北浦和校・武蔵小杉校

対象▶特訓クラス選抜対策試験SまたはAランク合格者
▶難関チャレンジ公開模試3科偏差値60以上目安
▶駿台学力テスト3科偏差値60以上目安

中3日曜特訓

受験学年となった今、求められるのは「どんな問題であっても、確実に得点できる実力」です。中3になると新しい単元の学習で精一杯になってしまって、なかなか弱点分野の克服にまで手が回らないことが多く、それをズルズルと引きずってしまうことによって、入試で失敗してしまうことが多いものです。真剣に入試を考え、本気で合格したいと思っているみなさんに、それは絶対に許されないこと！ならば、自分自身の現在の学力をしっかりと見極め、弱点科目や単元として絶対克服しなければならないことをまずは明確にしましょう。そしてこの「日曜特訓」で徹底学習して自信をつけましょう。

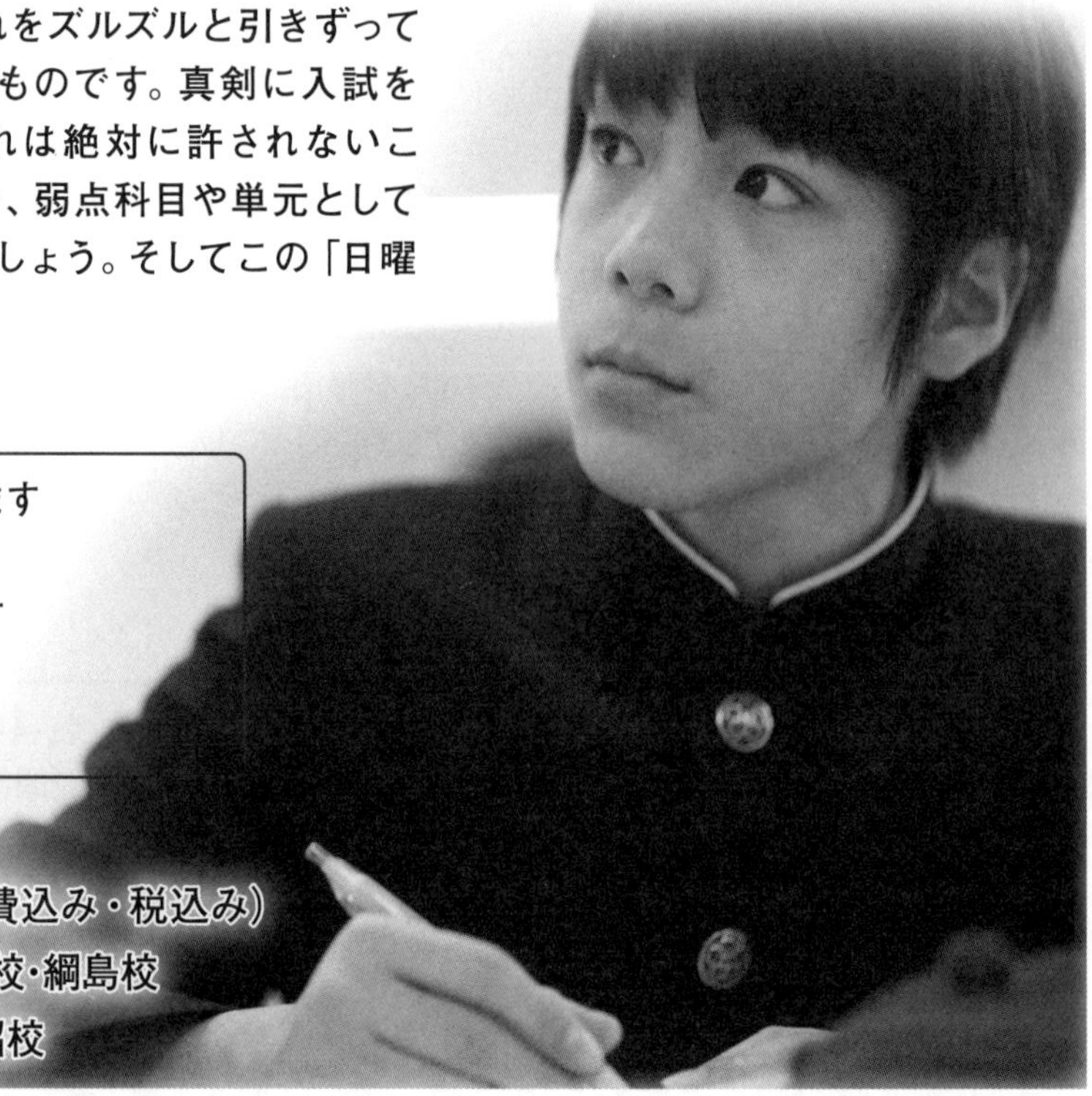

▶中3日曜特訓の特長

- ●入試頻出単元を基礎から応用まで完全にマスターします
- ●1つのテーマを5時間の集中授業で完璧にします
- ●ライバルに一歩差をつけるテクニックを身につけます
- ●模擬試験や過去問演習での得点力をアップします
- ●志望校合格に向けて確かな自信をつけていきます

［科目］英語・数学　［時間］13：30〜18：45

［日程］6/16、7/14　［料金］1講座7,100円（教材費込み・税込み）

［会場］茗荷谷校・蒲田校・三軒茶屋校・葛西校・吉祥寺校・綱島校
新百合ヶ丘校・南浦和校・川越校・松戸校・津田沼校

お問い合わせ、お申し込みは
早稲田アカデミー各校舎までお願いいたします。　早稲田アカデミー　検索

夢が広がる高校選びの情報満載！

Success15

6月号

表紙画像提供：早稲田大学高等学院

FROM EDITORS 編集室から

新しい年度が始まって、すでに1カ月以上が経ちました。中1にとっては小学校から中学校へ、中2、中3にとっても、学年が上がりクラスや担任の先生が変わるなど、大きな変化があり、新たな気持ちで学校生活を送っているのではないでしょうか。

さて、そんな中学生のみなさんを応援する『サクセス15』も、今号から全面的にリニューアルしました。各コーナーのデザインも新しくなり、内容も充実しましたので、私も気持ちを新たに頑張りたいと思っています。今後、さらにみなさんのお役に立てるような雑誌にしていきますので、これからも『サクセス15』をどうぞよろしくお願いいたします。 （S）

Next Issue 8月号

Special 1

学校説明会を有効活用して学校選びに役立てよう！

Special 2

世界最大級の地下放水路「首都圏外郭放水路」に迫る

Special School Selection

慶應義塾志木高等学校

公立高校 WATCHING

神奈川県立厚木高等学校

突撃スクールレポート

研究室にズームイン

※特集内容および掲載校は変更されることがあります。

Information

『サクセス15』は全国の書店にてお買い求めいただけますが、万が一、書店店頭に見当たらない場合は、書店にてご注文いただくか、弊社販売部、もしくはホームページ（104ページ下記参照）よりご注文ください。送料弊社負担にてお送りします。定期購読をご希望いただく場合も、上記と同様の方法でご連絡ください。

Opinion, Impression & ETC

本誌をお読みになられてのご感想・ご意見・ご提言などがありましたら、104ページ下記のあて先より、ぜひ当編集室までお声をお寄せください。また、「こんな記事が読みたい」というご要望や、「こういうときはどうしたらいいの」といったご質問などもお待ちしております。今後の参考にさせていただきますので、よろしくお願いいたします。

サクセス編集室 お問い合わせ先

TEL：03-5939-7928　FAX：03-3590-3901

今後の発行予定

7月15日	2019年8月号	10月15日	秋・増刊号
8月15日	夏・増刊号	11月15日	2019年12月号
9月15日	2019年10月号	2020年1月15日	2020年2月号

FAX送信用紙

※封書での郵送時にもご使用ください。

氏名

学年

住所（〒　　　－　　　　）

電話番号

（　　　　　　）

現在、塾に

通っている　・　通っていない

通っている場合

塾名

（校舎名　　　　　　）

面白かった記事には○を、つまらなかった記事には×をそれぞれ3つずつ（　）内にご記入ください。

FAX.03-3590-3901

FAX番号をお間違えのないようお確かめください

サクセス15の感想

高校受験ガイドブック2019 6　Success15

発　行：2019年5月20日 初版第一刷発行
発行所：株式会社グローバル教育出版　〒101-0047 東京都千代田区内神田2-5-2 信交会ビル3F
ＴＥＬ：03-3253-5944
ＦＡＸ：03-3253-5945
Ｈ　Ｐ：http://success.waseda-ac.net/
e-mail：success15@g-ap.com

郵便振替口座番号：00130-3-779535
編　　集：サクセス編集室
編集協力：株式会社 早稲田アカデミー

【個人情報利用目的】ご記入いただいた個人情報は、プレゼントの発送およびアンケート調査の結果集計に利用させていただきます。